KB105303

Les Miserables

# 레 미제라블

레 미제라블



First edition: January 2011

TEL (02)2000-0515 | FAX (02)2271-0172

ISBN 978-89-17-23780-1

## YBM Reading Library는 ...

쉬운 영어로 문학 작품을 즐기면서 영어 실력을 크게 향상시킬 수 있도록 개발된 독해력 완성 프로젝트입니다. 전 세계 어린이와 청소년들에게 재미와 감동을 주는 세계의 명작을 이제 영어로 읽으세요. 원작에 보다 가까이 다가가는 재미와 명작의 깊이를 느낄 수 있을 거예요.

350 단어에서 1800 단어까지 6단계로 나누어져 있어 초·중·고 어느 수준에서나 자신이 좋아하는 스토리를 골라 읽을 수 있고, 눈에 쉽게 들어오는 기본 문장을 바탕으로 활용도가 높고 세련된 영어 표현을 구사하기 때문에 쉽게 읽으면서 영어의 맛을 느낄 수 있습니다. 상세한 해설과 흥미로운 학습 정보, 퀴즈 등이 곳곳에 숨어 있어 학습 효과를 더욱 높일 수 있습니다.

이야기의 분위기를 멋지게 재현해 주는 삽화를 보면서 재미있는 이야기를 읽고, 전문 성우들의 박진감 있는 연기로 스토리를 반복해서 듣다 보면 리스닝 실력까지 크게 향상됩니다.

세계의 명작을 읽는 재미와 영어 실력 완성의 기쁨을 마음껏 맛보고 싶다면, YBM Reading Library와 함께 지금 출발하세요!

준비하고, 읽고, 다지는 3단계 리딩 전략

# YBM Reading Library

책을 읽기 전에 가볍게 워밍업을 한 다음, 재미있게 스토리를 읽고, 다 읽고 난 후 주요 구문과 리스닝까지 꼼꼼 다지는 3단계 리딩 전략! YBM Reading Library, 이렇게 활용하세요.

## Before the Story

**People in the Story**

스토리에 들어가기 전,
등장인물과 만나며 이야기의
분위기를 느껴 보세요~

## In the Story

★ **스토리**

재미있는 스토리를 읽어요. 잘 모른다고
멈추지 마세요. 한 페이지, 또는 한 chapter를
끝까지 읽으면서 흐름을 파악하세요.

★★ **단어 및 구문 설명**

어려운 단어나 문장을 마주쳤을 때,
그 뜻이 알고 싶다면 여기를 보세요.
나중에 꼭 외우는 것은 기본이죠.

★ Jean rented a little house on the Rue Blomet. It was very private with no close neighbors. No one could gossip about them. He also rented two other houses in Paris so he and Cosette would have somewhere to hide if ever necessary. [1]

Every day, Jean and Cosette went walking in the Luxembourg Gardens. They always sat on the same bench on a quiet path.

★★★ How many houses did Jean rent?
a. one b. two c. three

68 ◦ Les Miserables

★★★ **돌발 퀴즈**

스토리를 잘 파악하고
있는지 궁금하면 돌발 퀴즈로
잠깐 확인해 보세요.

**Mini-Lesson**
너무나 중요해서 그냥 지나칠 수 없는
알짜 구문은 별도로 깊이 있게 배워요.

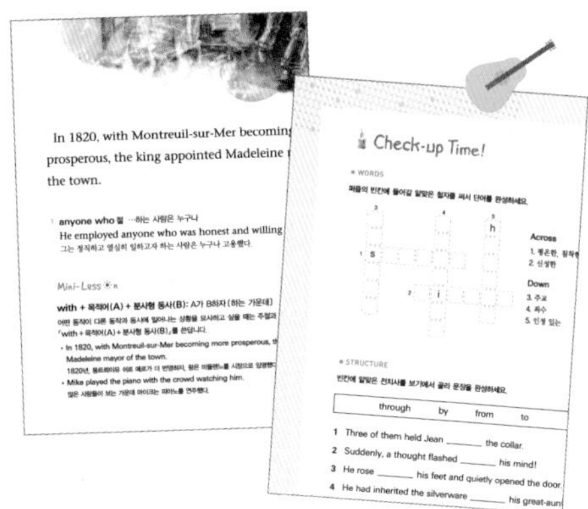


**Check-up Time!**
한 chapter를 다 읽은 후 어휘, 구문,
summary까지 확실하게 다져요.

**Focus on Background**
작품 뒤에 숨겨져 있는 흥미로운 이야기를
읽으세요. 상식까지 풍부해집니다.

One day, Jean noticed a handsome young man watching them. He appeared to be interested in Cosette. She seemed to be interested in the young man too. Jean didn't like it. They moved to another house in Paris and stopped going for walks. They were safe again, for now.

□ private (남의 방해를 받지 않고) 조용히 있을 수 있는
□ gossip 잡담(남 이야기)을 하다
□ path (공원의) 작은 길, 보도
□ move to …로 이사하다
□ for now 당분간은, 지금 당장은

1 if ever necessary 혹시나 필요하다면
He and Cosette would have somewhere to hide if ever necessary.
장과 코제트는 혹시나 필요하다면 숨을 곳이 있게 된 것이다.

Chapter 4 • 69

## After the Story

**Reading X-File** 이야기 속에 등장했던
주요 구문을 재미있는 설명과 함께 다시 한번~

**Listening X-File** 영어 발음과 리스닝 실력을 함께
다져 주는 중요한 발음법칙을 살펴봐요.

## MP3 Files
www.ybmbooksam.com에서 다운로드 하세요!

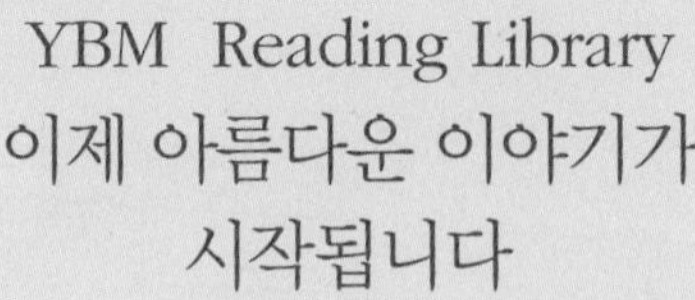
YBM Reading Library
이제 아름다운 이야기가
시작됩니다

# Les Miserables

**_ Before the Story**

**_ In the Story**

## Victor Hugo (1802~1885)

빅토르 위고는 …

나폴레옹 휘하의 장교였던 아버지와 왕당파 집안 출신인 어머니 사이에서 태어났다. 어려서부터 여러 나라의 아름다운 자연을 경험하며 생활했던 그는 1822년 첫 시집 〈오드와 잡영집〉으로 문단에 데뷔하였다.

다수의 시와 희곡을 발표하며 프랑스 왕실로부터 기사 훈장을 받은 위고는 1851년 나폴레옹 3세의 쿠데타에 반대하면서 망명 길에 오르게 되었다. 19년에 걸친 긴 망명 생활 중에도 집필을 멈추지 않았던 그는 대표작 〈레 미제라블(1862)〉을 완성하였고 1870년 나폴레옹 3세가 몰락하자 파리로 돌아와 국민들로부터 영웅으로 추앙 받기에 이르렀다.

시, 소설, 희곡, 에세이 등 여러 분야에서 폭넓은 주제와 무한한 상상력, 날카로운 풍자, 자유, 박애, 인도주의 사상으로 그 시대 문학사조인 낭만주의를 이끌었던 위고는 19세기 프랑스 낭만주의 문학의 거장이자 위대한 사상가로 평가 받고 있다.

# Les Miserables

레 미제라블은 …

빅토르 위고의 대표작으로, 19세기 초 부조리한 프랑스 사회와 그 속에서 고통 받는 비참한 민중의 삶을 고발한 수작이다.
빵 한 덩어리를 훔친 죄로 19년 동안 수감 생활을 한 장 발장은 출소 후 자신에게 온정을 베푼 주교의 사랑에 감동하여 새로운 인간으로 태어난다. 장 발장은 시장이 되어 선정을 베풀고, 자베르의 추적 속에서도 학대 받는 꼬제뜨를 구출하여 딸처럼 기른다. 그 후 그는 꼬제뜨의 연인인 마리우스의 목숨을 구한 후, 둘을 결혼시키고 생을 마감한다.
프랑스어 '레 미제라블'에는 억압 받는 '비참한 사람들'과 다른 사람들을 괴롭히는 '구제 불능인 사람들'이라는 두 가지 의미가 담겨 있다. 박애주의 사상만이 약자의 인권을 묵살하는 강자와 그로 인해 고통 받는 약자 모두를 치료할 수 있음을 역설한 〈레 미제라블〉은 오늘날에도 영화와 뮤지컬로 제작되며 시대를 초월한 불후의 명작으로 평가 받고 있다.

# People in the Story

레 미제라블에 등장하는 인물들을 살펴볼까요?

**Jean Valjean**

빵 한 덩어리를 훔친 죄로 19년 형을 치른 비운의 사나이. 자신에게 은혜를 베푼 주교에게 감동하여 이후 선을 행하며 산다.

**Marius**

꼬제뜨의 연인. 혁명에 가담하여 총상을 입지만 장 발장의 도움으로 목숨을 건지고 후에 꼬제뜨와 결혼한다.

**Cosette**

팡띤느의 딸. 떼나르디에 부부에게 하녀처럼 학대 받다가 장 발장에게 구출되어 행복한 삶을 살게 된다.

Javert
집요하게 장 발장을 추적하는
냉혹한 경감. 혁명의 소용돌이
속에서 장 발장이 자신의
목숨을 구해 주자 체포를
포기하고 자살한다.
The Thenardiers
여관을 운영하며 꼬제뜨를 기르는 부부.
비열하고 교활하여 늘 사람들에게 돈을
뜯어 낸다.
Fantine
꼬제뜨의 엄마. 어린 딸을 떼나르디에
부부에게 맡기고 양육비를 벌기 위해
고생하다가 병으로 죽는다.

*a Beautiful Invitation*

– YBM Reading Library

# Les Miserables

Victor Hugo

# The Cost of a Loaf of Bread

빵 한 덩어리의 대가

One evening in October, 1815, a man set foot in the small town of Digne. He was wearing dirty, ragged clothes and carrying a large knapsack on his back. He stopped by the town hall, where all strangers had to report when they arrived. Then he trudged into an inn nearby.

"What can I do for you?" asked the innkeeper.

"Lodging and something to eat," said the man. "I can pay."

"In that case, you're welcome," said the innkeeper.

As the stranger dropped into a chair by the fire, the innkeeper wrote a note.

"Take this to the town hall," he whispered to the kitchen boy.

Minutes later, the boy returned and handed a note to the innkeeper. He frowned as he read it.

He approached the stranger and said, "You can't stay here."

"Why?" said the stranger. "I have money."

"I know who you are. I can't serve a convict."

"I'm a free man! I can pay in advance if you want."

"Leave my inn!" said the innkeeper, angrily.

The stranger picked up his knapsack and left.

□ set foot in …에 발을 들여놓다
□ ragged 남루한, 초라한
□ knapsack 배낭
□ stop by …에 잠시 들르다
□ trudge 터벅터벅 걷다
□ lodging 잘 곳, 숙박
□ in that case 그런 경우에는
□ drop into a chair 의자에 털썩 앉다
□ hand A to B A를 B에게 건네주다
□ frown 눈살을 찌푸리다
□ serve (손님)에게 시중을 들다
□ convict 죄수
□ in advance 미리

Nineteen years before, the man had been an honest, hardworking young lumberjack. After losing his job, he stole a loaf of bread to feed his sister's hungry children. He was caught and sentenced to five years in prison. Four times he had attempted to escape, and four times he had failed. Each time his sentence increased. Now he was forty six years old and he had recently been released from Toulon Prison. His name 1
was Jean Valjean.

Night was falling and it was bitterly cold. He was thirsty, hungry and exhausted from walking all day. He tried every inn in the town but no one would let him stay. Finally, he gave up and lay down on a freezing stone bench near a church.

"I'll sleep here," he thought. "I can't walk any further tonight."

□ lumberjack 벌목하는 사람
□ feed …에게 먹을 것을 주다
□ be sentenced to …형에 처해지다
□ sentence 형량, 선고
□ increase 늘어나다
□ bitterly 살을 에는 듯이; 몹시, 비통하게
□ exhausted 지친, 기진맥진한
□ give up 단념하다, 포기하다
□ lie down on …위에 드러눕다 (lie-lay-lain)
□ freezing 몹시 추운
□ further 더 멀리
□ bishop 주교
□ except …을 제외하고 (= but)
□ silverware 은식기, 은제품
□ inherit A from B A를 B로부터 상속 받다
□ great-aunt 이모[고모]할머니

Just then an old woman came out of the church and said, "You can't sleep here. If you don't have anywhere to go, knock there. They'll help you."

She pointed to a small house across the street. It was the house of Myriel, the Bishop of Digne, who lived simply and gave all his money to the poor. He [2] owned nothing valuable except some silverware he had inherited from his great-aunt.

1 **be released from** …에서 출소하다〔풀려나다〕
He had recently been released from Toulon Prison.
그는 최근에 툴롱 감옥에서 출소했다.

2 **the + 형용사** …한 사람들
It was the house of Myriel, the Bishop of Digne, who lived simply and gave all his money to the poor.
그곳은 디뉴의 주교 미리엘의 집으로 그는 검소하게 생활하고 자신의 돈을 모두 가난한 사람들에게 주었다.

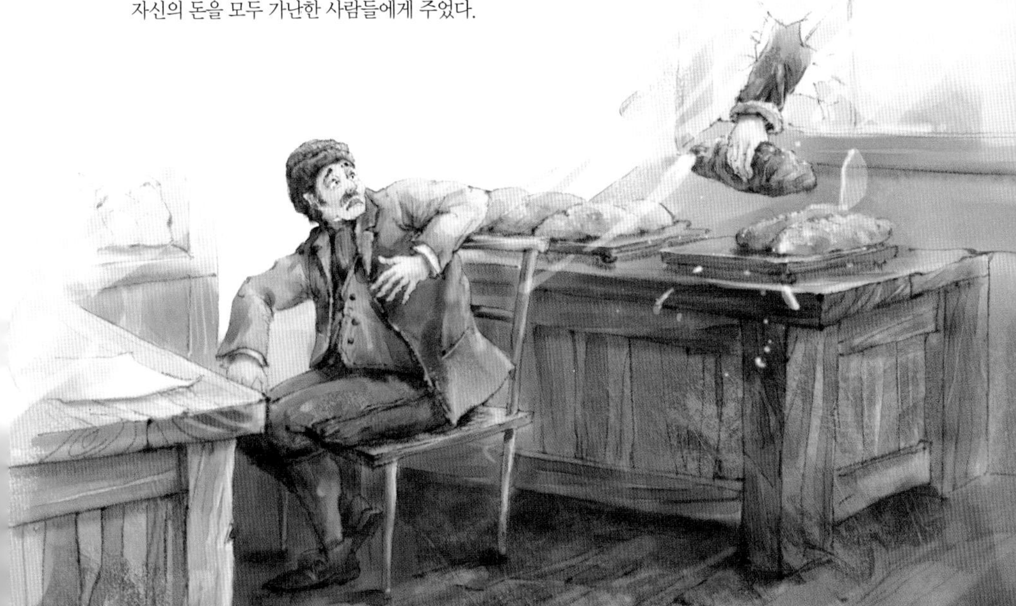

Jean knocked and the door was opened by an old man about seventy-five years of age.

"How may I help you?" said the Bishop with a smile.

"A good woman told me to come here," said Jean. "I'm starving and exhausted, but because I was a convict, no one will let me stay. I have a yellow passport that says I'm a dangerous man. Will you let me stay? I can pay."

Jean waited for the man to tell him to leave but instead, the Bishop invited Jean inside.

"This is God's house," said the Bishop. "You're welcome to share everything we have."

"What! Really? You will let me stay?" said Jean in confusion. "You are humane, sir."

Hesitantly, he stepped inside.

The housekeeper set the table with silver plates on a white cloth and lit candles in silver candlesticks.

- □ of age …살의 (= old)
- □ starve 몹시 굶주리다
- □ passport 신분증, 여권
- □ in confusion 어리둥절하여
- □ be welcome to + 동사원형 …해도 좋다
- □ humane 인정 있는
- □ hesitantly 주저하며, 망설이며
- □ light …에 불을 밝히다 (light-lit-lit)
- □ candlestick 촛대
- □ mutton 양고기
- □ say grace 기도를 드리다
- □ fall fast asleep 곤히 잠들다

Then she brought supper of soup, bacon and mutton, a fresh cheese and bread. The Bishop politely asked Jean to sit beside him at the table. And as soon as the Bishop finished saying grace, Jean ate hungrily until he could eat no more.

After supper, the Bishop showed Jean to the guest room. No sooner had Jean gone to bed than he fell fast asleep.

Mini-Lesson

See p. 110

**No sooner ... than ~:** …하자마자 ~하다

'…하자마자 ~하다' 라는 표현을 하고 싶을 때는 「No sooner had + 주어 + p.p. + than + 주어 + 과거형 동사」를 써요. 강조를 위해 no sooner가 문두에 오면서 어순이 도치되어 had가 주어 앞에 놓였다는 점, 꼭 기억해 두세요.

- No sooner had Jean gone to bed than he fell fast asleep.
  장은 잠자리에 들자마자 곧히 잠들었다.

At two in the morning, Jean awoke and had trouble falling asleep again because the bed was so comfortable. Suddenly, a thought flashed through
his mind – the Bishop's silver! He had seen the 1
housekeeper placing it in a cupboard beside the Bishop's bed.

"I could sell it for two hundred francs*, or perhaps even more," he thought.

*franc는 당시 프랑스에서 사용한 화폐 단위였어요.

He rose to his feet and quietly opened the door 2
to the Bishop's room. The Bishop lay asleep on his back, breathing peacefully.

As Jean reached the bedside, a ray of moonlight lit up the Bishop's gentle face. There was something divine and serene about him.

"He looks like a sleeping god," thought Jean. "I shouldn't steal from him, but ..."

He stood for a moment, gazing in awe at the sleeping man. Then he moved quickly past the bed to the cupboard. He grabbed the silver plates and soup ladle, put them into his knapsack, and fled through the window into the darkness.

□ have trouble ...ing …하기가 어렵다, 하는 데 어려움을 겪다
□ cupboard 식기장, 찬장
□ lie asleep on one's back 반듯이 〔등을 대고〕 누워 잠들다
□ a ray of …한 줄기
□ light up …을 밝히다; …이 밝아지다
□ divine 신성한
□ serene 평온한, 침착한
□ gaze in awe at 경외의 눈으로 …을 바라보다
□ grab 움켜쥐다 (grab-grabbed-grabbed)
□ soup ladle 국자
□ flee 달아나다 (flee-fled-fled)

1 **flash through one's mind** …의 머릿속에 떠오르다
Suddenly, a thought flashed through his mind – the Bishop's silver! 갑자기 주교의 은식기가 그의 머릿속에 떠올랐다!

2 **rise to one's feet** 일어서다
He rose to his feet and quietly opened the door to the Bishop's room. 그는 일어서서 조용히 주교의 방으로 난 문을 열었다.

The next day, four policemen arrived at the Bishop's house. Three of them held Jean by the collar. The fourth, a police inspector, advanced toward the Bishop and gave a military salute.

"Bishop," he said.

"Ah! Here you are!" said the Bishop to Jean. "I'm so glad to see you again. But I gave you the candlesticks too. Why didn't you take them?"

Jean looked at him in stunned disbelief. Not only had the Bishop forgiven his crime, but he was also giving Jean his precious silver candlesticks.

"Do you know this man, Sir?" asked the police inspector. "We stopped him because he looked suspicious. Then we arrested him because he had a knapsack full of silverware, which we thought he had stolen."

"You've made a mistake," said the Bishop. "Let him go."

□ police inspector 경감
□ hold ... by the collar …의 멱살을 잡다
□ advance 나아가다
□ give a military salute 거수경례하다
□ Here you are! 당신이로군요!
□ in stunned disbelief 놀라서 믿지 못하며
□ suspicious 수상쩍은
□ arrest 체포하다
□ make a mistake 실수하다
□ release 풀어 주다, 놓아주다
□ tremble with fear 두려움에 떨다

The police released Jean and went away.

"My friend," said the Bishop quietly to Jean, "take these candlesticks too."

Trembling with fear, Jean put the candlesticks in his knapsack.

The Bishop continued, "With them, I've bought your soul and given it to God. Use this wealth wisely to make yourself an honest man."

? The police arrested Jean because of the ________.
a. silverware b. candlesticks

정답 a

Mini-Lesson

**도치를 만드는 only!**

only가 포함된 부사구가 문두에 올 때에 그 뒤는 어순에 도치되어 「조동사 / do동사 + 주어」가 된답니다.

- Not only had the Bishop forgiven his crime, but he was also giving Jean his precious silver candlesticks.
  주교는 그의 죄를 용서했을 뿐만 아니라 자신의 귀중한 은촛대도 장에게 주는 것이었다.
- Only then did I realize the situation. 그제서야 난 상황을 파악했다.

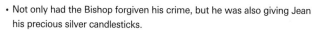

All that day, Jean wandered about a deserted plain. He was possessed by a variety of new sensations. Memories of his years in prison came into his mind and he was overcome with anger. Why had God given him such a hard life? At the same time, he felt a tenderness that he had not known for nineteen years.

At sunset, he was sitting in the shade of a bush when a boy walked by, tossing a coin. The boy missed the coin and it rolled toward Jean. Without thinking, Jean put his foot over it.

"Sir," said the boy, "my franc is under your foot. Please give it to me."

"Get lost!" screamed Jean.

A look of terror came into the boy's eyes. When Jean started shouting at him again, the boy turned

- □ wander about …을 헤매다
- □ deserted plain 인적이 드문 벌판
- □ be possessed by …에 사로잡히다
- □ a variety of 여러 가지의
- □ sensation 기분
- □ come into one's mind 머릿속에 떠오르다
- □ be overcome with …에 사로잡히다
- □ such a + 형용사(A) + 명사(B) 그토록 A한 B
- □ tenderness 친절
- □ toss (동전을) 던져 올리다
- □ Get lost! 냉큼 꺼져!
- □ look of terror 두려워하는 눈빛
- □ set out 출발하다, 길을 떠나다
- □ pray for …을 빌다〔기도하다〕
- □ forgiveness 용서
- □ break down 주저앉다
- □ vow to …에게 맹세하다
- □ fill A with B A를 B로 채우다

and ran away. An instant later, Jean realized what he had done.

"Oh, my God!" he cried. "I'm a monster. I've stolen from a child!"

He set out in the direction in which the boy had run. He prayed for God's forgiveness as he searched, but the boy was gone. Jean broke down and wept bitterly for a long time. He remembered what the Bishop had said to him. He vowed to God that he would be like the Bishop and fill his life with good deeds. For the first time, Jean felt truly free.

#  Check-up Time!

● **WORDS**

퍼즐의 빈칸에 들어갈 알맞은 철자를 써서 단어를 완성하세요.

| | 3 | | | | 4 | | | 5 | |
|---|---|---|---|---|---|---|---|---|---|
| | □ | | | | □ | | | h | |
| | □ | | | | □ | | | □ | |
| 1 | s | □ | □ | □ | □ | □ | | □ | |
| | □ | | | | □ | | | □ | |
| | □ | | 2 | □ | i | □ | □ | □ | □ |
| | □ | | | | □ | | | □ | |
| | | | | | □ | | | | |

**Across**

1. 평온한, 침착한
2. 신성한

**Down**

3. 주교
4. 죄수
5. 인정 있는

● **STRUCTURE**

빈칸에 알맞은 전치사를 보기에서 골라 문장을 완성하세요.

| through | by | from | to |
|---|---|---|---|

**1** Three of them held Jean ________ the collar.

**2** Suddenly, a thought flashed ________ his mind!

**3** He rose ________ his feet and quietly opened the door.

**4** He had inherited the silverware ________ his great-aunt.

**ANSWERS**

**Words** | 1. serene 2. divine 3. bishop 4. convict 5. humane

**Structure** | 1. by 2. through 3. to 4. from

● COMPREHENSION

이야기의 흐름에 맞게 순서를 정하세요.

a. Jean awoke and had trouble sleeping again.

b. Jean stood, gazing in awe at the Bishop.

c. Four policemen arrived at the Bishop's house.

d. The Bishop showed Jean to the guest room.

(      ) → (      ) → (      ) → (      )

● SUMMARY

빈칸에 맞는 말을 골라 이야기를 완성하세요.

Jean had been recently (      ) from prison. No one would help him because he was a convict. Finally, the Bishop gave him food and a place to sleep, but Jean (      ) his silverware and fled. The next morning, he was caught but the Bishop forgave Jean's (      ) and gave him his silver candlesticks. Jean was possessed by many new sensations and without thinking, he stole a boy's (      ). But later, he prayed for God's forgiveness and promised to fill his life with good deeds.

a. stole    b. coin

c. released    d. crime

ANSWERS

Comprehension | ( d )→( a )→( b )→( c )

Summary | c, a, d, b

# The Mayor's Secret

시장의 비밀

In December of 1815, a stranger arrived in Montreuil-sur-Mer. He reached the town hall just as a fire broke out. The man rushed into the flames and saved two children that were trapped inside. After such a brave act, no one asked him for his passport. He told everyone his name was Mr. Madeleine.

He settled in the town, which was famous for
manufacturing black glass jewelry. Soon, he invented
a cheaper way to make the jewelry. He opened a large
factory and employed anyone who was honest and 1
willing to work hard. He built schools and had a small
hospital in his house for the poor. He was respected
throughout the district for his kindness and honesty.

- □ break out 발생하다
- □ rush into …속으로 뛰어들다
- □ flame 불길, 화염
- □ trapped 갇힌
- □ settle in …에 정착하다
- □ manufacture 제조하다
- □ invent 발명하다, 고안하다
- □ employ 고용하다
- □ be willing to + 동사원형 (기꺼이) …하고자 하다
- □ district 지방, 지역
- □ prosperous 번영한, 부유한
- □ appoint + 사람(A) + 지위(B) A를 B에 임명하다

In 1820, with Montreuil-sur-Mer becoming more prosperous, the king appointed Madeleine mayor of the town.

1 **anyone who 절** …하는 사람은 누구나
He employed anyone who was honest and willing to work hard.
그는 정직하고 열심히 일하고자 하는 사람은 누구나 고용했다.

## Mini-Lesson

**with + 목적어(A) + 분사형 동사(B):** A가 B하자 〔하는 가운데〕

어떤 동작이 다른 동작과 동시에 일어나는 상황을 묘사하고 싶을 때는 주절과 함께 「with + 목적어(A) + 분사형 동사(B)」를 쓴답니다.

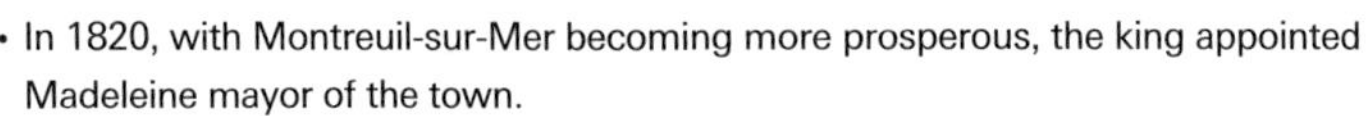

- In 1820, with Montreuil-sur-Mer becoming more prosperous, the king appointed Madeleine mayor of the town.
  1820년, 몽트뢰이유 쉬르 메르가 더 번영하자, 왕은 마들렌느를 시장으로 임명했다.
- Mike played the piano with the crowd watching him.
  많은 사람들이 보는 가운데 마이크는 피아노를 연주했다.

One morning, Madeleine saw an old carter trapped beneath a cart in the street. The horse had two broken legs and could not rise.

"The cart is sinking into the mud, crushing him," cried Madeleine. "He'll die. I'll pay anyone who tries to raise the cart."

No one came forward to help.

1 **with all one's strength** 온 힘을 다해
Madeleine crawled underneath the cart and pushed with all his strength. 마들렌느는 짐수레 아래로 기어들어가서 온 힘을 다해 밀었다.

"None of them is strong enough," called Police Inspector Javert from the crowd. "Actually, I know only one man who is capable of doing that. He was a convict at Toulon."

Madeleine's face turned pale and his fists clenched. He met Javert's fierce glare and smiled sadly. A moment later, Madeleine crawled underneath the
cart and pushed with all his strength. The cart began 1
to quiver and then it rose slowly. Men rushed forward and pulled the carter, Fauchelevent, free.

"Carry him to the hospital," said Madeleine. "I think his leg is broken."

As he walked away, he felt Javert's eyes on his back.

□ carter 짐마차꾼
□ beneath …의 바로 밑에
□ cart 짐마차
□ sink into …안으로 빠지다
□ crush 내리누르다
□ come forward 나서다
□ be capable of ...ing …할 수 있다
□ fist 주먹
□ clench (주먹 · 이) 꽉 쥐어지다〔다물어지다〕; (주먹 · 이)를 쥐다〔악물다〕
□ fierce glare 험악한 눈초리
□ underneath …의 아래로
□ quiver 흔들리다
□ pull ... free …을 끌어당겨 빠져나오게 하다

From then on, Javert watched Madeleine more
closely than before. Madeleine avoided Javert
whenever he could do so. But that changed one cold 1
winter evening when Javert arrested a poor woman
named Fantine. She was charged with attacking a
gentleman for no reason. But in fact, the man had
insulted Fantine until she was so furious that she hit
him. Madeleine had been passing by at that moment
and had witnessed the fight. He went to the police
station to explain what had happened.

□ from then on 그 후로 쭉
□ be charged with ...ing …하여 고소를 당하다
□ attack 폭행하다, 공격하다
□ insult 모욕하다
□ furious 몹시 화가 난
□ witness 목격하다
□ desperately 필사적으로
□ beg for mercy 자비를 빌다〔구걸하다〕
□ respectable 점잖은, 훌륭한
□ in the wrong 잘못을 한, 과실이 있는
□ oppose …에 반대하다
□ kneel 무릎을 꿇다 (kneel-knelt-knelt)
□ faint 기절하다

1 **whenever** …할 때는 언제든지
Madeleine avoided Javert whenever he could do so.
마들렌느는 그렇게 할 수 있을 때는 언제든지 자베르를 피했다.

2 **send ... to prison** …을 감옥에 가두다
"Please, don't send me to prison!" she cried.
"제발 저를 감옥에 가두지 마세요!" 그녀가 울부짖었다.

3 **set ... free** …을 풀어 주다, 석방하다
Madeleine said calmly to Javert, "Set her free."
마들렌느는 침착하게 자베르에게 말했다. "그녀를 풀어 주시오."

When he got there, he saw Fantine desperately begging for mercy.

"Please, don't send me to prison!" she cried. 2
"I'm sick and I have a child to take care of."

Madeleine said calmly to Javert, "Set her free. 3
She's innocent."

"She attacked a respectable man," said Javert coldly.

"I saw everything. She was not in the wrong. Set her free immediately."

"I'm sorry to oppose you, but I ..."

"I'm the mayor and I say she's innocent," said Madeleine. "Now, leave us!"

"Very well," said Javert, through clenched teeth.

As Fantine knelt and kissed Madeleine's hand, she fainted.

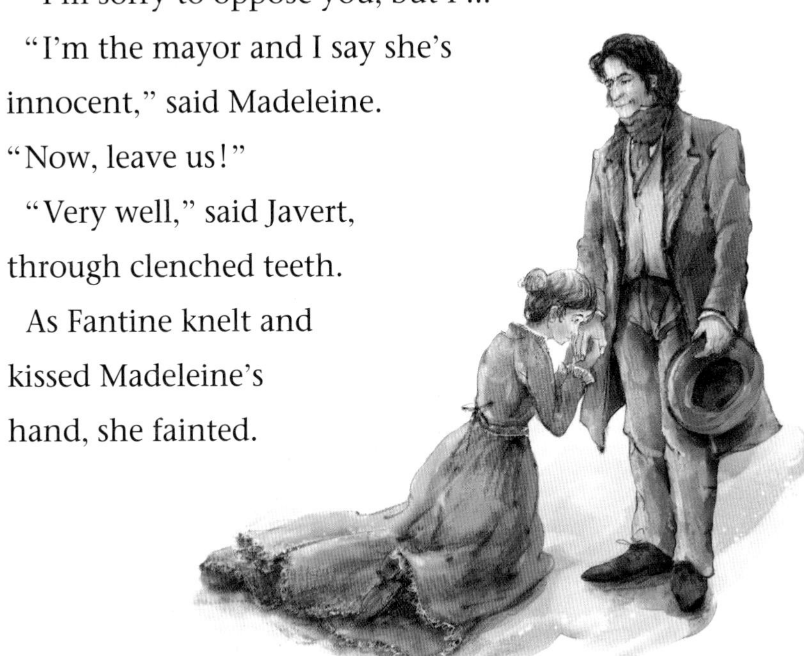

The next morning, Madeleine was at Fantine's
bedside in the hospital. It was almost noon before 1
she awoke and spoke to him. He was shocked when
he heard everything she had suffered. She had been
fired from his factory because she was found to be
an unmarried mother. Since then, she had been
living on the streets.

"Your troubles are over," said Madeleine.

"I wish my daughter were here," said Fantine. 2
"I left her with the Thenardiers in Montfermeil. No
one would have employed me if they had known
I'm an unmarried mother. When I had a job in the
factory, I paid the Thenardiers monthly. But I lost
my job, so I sold my two front teeth and my hair
to send them some money. They will throw my
Cosette out into the streets if I don't pay them."

- □ at one's bedside …의 머리맡에
- □ suffer 겪다, 고통 받다
- □ be fired from …에서 해고되다
- □ unmarried mother 미혼모
- □ live on the streets 거리의 여자로 살아가다
- □ leave A with B A를 B에게 맡기다
- □ monthly 매달, 한 달에 한 번
- □ throw A out into B A를 B로 내쫓다(내버리다)
- □ fill with …로 가득 차다
- □ pity 연민, 동정

Fantine looked so pale and ill that Madeleine's heart filled with pity.

"Don't worry," he said. "I'll take care of everything."

1 **It is + 시간(A) + before절(B)** A가 되어서야 B하다

It was almost noon before she awoke and spoke to him.

정오가 되어서야 그녀는 깨어나서 그에게 말을 했다.

2 **I wish + 주어 + were** …라면 좋을 텐데

I wish my daughter were here.

제 딸이 여기에 있다면 좋을 텐데요.

## Mini-Lesson

### 가정법 과거완료

'…했다면 ~했을 것이다' 라고 과거의 사실과 반대되는 상황을 가정할 때는 「주어 + would(could / might / should) have + p.p. + if + 주어 + had + p.p.」의 형태로 나타낸답니다. 이를 '가정법 과거완료' 라고 해요.

- No one would have employed me if they had known I'm an unmarried mother.
  사람들이 내가 미혼모인 것을 알았다면 아무도 나를 고용하지 않았을 거예요.
- I could have passed the exam if you had helped me with English.
  네가 나의 영어 공부를 도와줬다면 난 시험에 통과할 수 있었을 텐데.

He wrote to the Thenardiers and enclosed three hundred francs. He asked them to send Cosette to Montreuil-sur-Mer.

Thenardier was amazed to receive the letter.

"Let's keep her," he said to his wife. "A man has fallen for her mother. He'll pay whatever we ask." [1]

He sent Madeleine an account for five hundred francs. He listed doctor's visits and a bill for drugs for Cosette. But she was not sick at all. At the bottom of the account Thenardier wrote, "Received on account, three hundred francs."

Madeleine sent another three hundred francs and asked them again to bring Cosette to Montreuil-sur-Mer immediately.

"We will keep the child a little longer," said Thenardier to his wife.

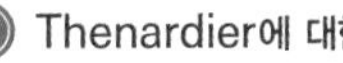

Thenardier에 대한 설명으로 맞지 않는 것은?

a. He received 400 francs from Madeleine.
b. He listed doctor's visits in his letter.
c. He wanted to keep Cosette a little longer.

1 **whatever** …하는 것은 얼마든지(무엇이든지)
He'll pay whatever we ask. 그는 우리가 요구하는 것은 얼마든지 지불할거야.

Meanwhile, Fantine's condition worsened and the doctor said she would soon die. Madeleine decided to travel himself to Montfermeil to fetch Cosette. He wrote a letter and Fantine signed it.

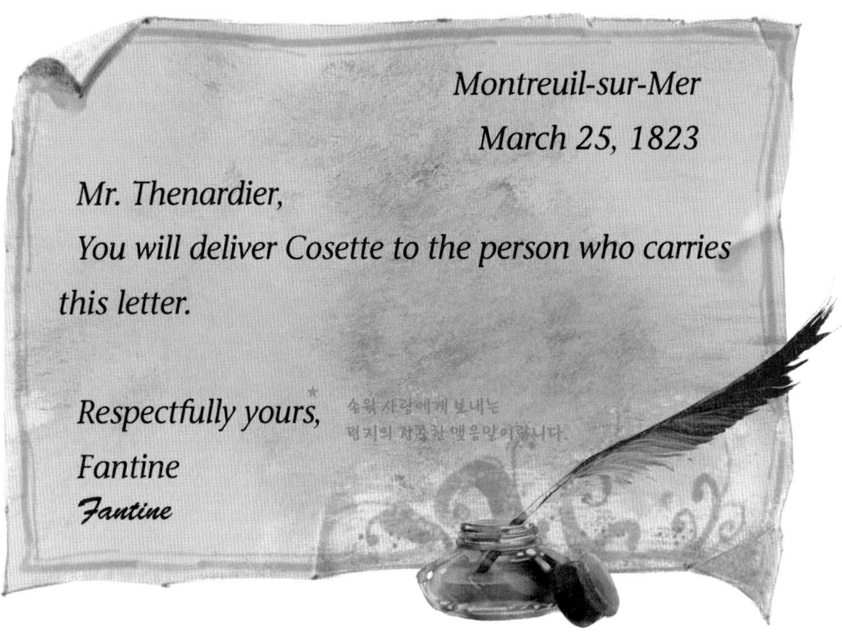

*Montreuil-sur-Mer*
*March 25, 1823*

*Mr. Thenardier,*

*You will deliver Cosette to the person who carries this letter.*

*Respectfully yours,*★ 손윗 사람에게 보내는 편지의 정중한 맺음말이랍니다.
*Fantine*
Fantine

□ enclose 동봉하다
□ be amazed to + 동사원형 …하고 놀라다
□ fall for …에 홀딱 반하다
□ account for …에 대한 청구서
□ list …의 목록을 작성하다
□ bill 청구서, 계산서
□ at the bottom of …의 밑에
□ on account 우선, 먼저
□ condition (건강) 상태
□ worsen 악화되다
□ fetch 가서 데려(가져)오다
□ deliver A to B A를 B에게 넘겨 주다

The next day, Madeleine's plan changed when he received a visit from Javert.

"I've broken the rules," said Javert. "Dismiss me from the police."

"Why?" said Madeleine. "What have you done?"

"I was angry with you about Fantine. So I reported you to the Chief of Police in Paris."

"You reported me for taking a convict from you?"

"No. I told the Chief of Police that you're a wanted convict called Jean Valjean."

- □ receive a visit from …의 방문을 받다
- □ dismiss A from B A를 B에서 해고하다
- □ chief of police 경찰국장
- □ wanted 지명 수배된
- □ expressionless 무표정한
- □ prison guard 간수
- □ robust 건장한, 튼튼한
- □ walk with a slight limp 약간 절룩거리며 걷다
- □ suspect that절 …라고 의심하다, 추측하다
- □ apparently 듣자 하니
- □ trial 재판
- □ take place 열리다, 개회되다
- □ courthouse 법원

1 **rob A of B** A에게서 B를 빼앗다(강탈하다)

He robbed a boy of his money. 그는 한 소년에게서 돈을 빼앗았습니다.

2 **insist that + 주어(A) + (should) + 동사원형(B)** A가 B해야 한다고 주장하다

Javert again insisted that he should be dismissed from the police but Madeleine refused.

자베르는 자신이 경찰직에서 해고되어야 한다고 다시 주장했지만 마들렌느는 거부했다.

Madeleine's face remained expressionless.

"I knew Jean Valjean twenty years ago when I was a
prison guard at Toulon," continued Javert. "He was a
robust man who walked with a slight limp, as you do. ☀
He stole things from a bishop and robbed a boy of 1
his money. He disappeared eight years ago. That's
when you came to this town. Since then, I've
suspected that you are Jean Valjean."

"So, what did the Police Chief say?"

"He said I was mad. Apparently, Jean Valjean has been arrested for stealing apples. The trial will take place in the courthouse at Arras tomorrow."

"Very well," said Madeleine. "You may go."

Javert again insisted that he should be dismissed 2
from the police but Madeleine refused.

**Mini-Less☀n**

See p. 111

**앞에 나온 동사를 대신하는 대동사**

He was a robust man who walked with a slight limp, as you do.에서 do는 앞에 나온 동사 walked의 반복을 피하기 위해 쓰인 대동사예요. 대동사는 인칭과 시제에 맞게 써야 한다는 점도 잊지 마세요.

- Your mother drew beautifully, as you did(= drew).
  네 엄마는 네가 그랬던 것처럼 멋지게 그림을 그렸단다.

# Check-up Time!

● **WORDS**

다음 단어와 단어의 뜻을 서로 연결하세요.

**1** pity •
**2** district •
**3** clench •
**4** attack •

• a. to close or hold (the teeth or fist) tightly
• b. a particular area of a town or country
• c. a feeling of sorrow for the troubles of others
• d. to use violence to try to harm somebody

● **STRUCTURE**

괄호 안의 두 단어 중 알맞은 단어를 골라 문장을 완성하세요.

**1** He robbed a boy (from / of) his money.

**2** Madeleine avoided Javert (whenever / whatever) he could do so.

**3** He pushed (with / at) all his strength.

**4** Please, don't send me (for / to) prison.

**5** It was almost noon (than / before) she awoke.

**ANSWERS**

**Words** | 1. c 2. b 3. a 4. d
**Structure** | 1. of 2. whenever 3. with 4. to 5. before

● COMPREHENSION

다음은 누가 한 말일까요? 기호를 써넣으세요.

a. Madeleine 

b.  Javert

c.  Fantine

1 “I know only one man who is capable of doing that.” ______

2 “I’ll pay anyone who tries to raise the cart.” ______

3 “I’m sick and I have a child to take care of.” ______

● SUMMARY

빈칸에 맞는 말을 골라 이야기를 완성하세요.

A stranger named Madeleine settled in Montreuil-sur-Mer and later, he became the (     ). But Police Inspector Javert suspected that he was a wanted (     ) named Jean Valjean. One day, when Javert arrested a woman named Fantine, Madeleine set her free. Javert was angry and (     ) him to the Chief of Police that he was Jean Valjean. Later, Javert realized his mistake and asked Madeleine to (     ) him from the police.

a. dismiss   b. convict   c. reported   d. mayor

ANSWERS

Comprehension | 1. b 2. a 3. c

Summary | d, b, c, a

# The Encounter with Cosette

꼬제뜨와의 만남

The following day, Madeleine was in the courtroom in Arras. He looked at the prisoner who had been[1] mistaken for him. The prisoner looked just as Madeleine had on the day he entered Digne, only older.

"My God!" thought Madeleine. "What a miserable[2] wretch! Will I become like that again?"

He sat down in a chair, terrified that someone might recognize him. Three convicts from Toulon were brought into the court. The judge asked each of them if they could identify the prisoner. They all replied that he was definitely Jean Valjean.

Suddenly a voice called out, "Release the prisoner! I am Jean Valjean!"

The judge, the district attorney, and the others turned to see who had spoken. Before anyone could stop him, Madeleine walked toward the convicts.

The district attorney recognized him and spoke to the jury.

"This is Mr. Madeleine, Mayor of Montreuil-sur-Mer. We've all heard of his good deeds. But it seems he has lost his mind. Call a doctor."

"I don't need a doctor," said the man they knew as Madeleine. "I'm not mad. I am Jean Valjean."

□ courtroom 법정
□ prisoner 죄수
□ wretch 가엾은 사람
□ terrified that절 …할까 두려워하는
□ recognize 알아보다
□ judge 재판장
□ identify 알아보다, 확인하다
□ definitely 분명히, 틀림없이
□ call out 소리쳐 부르다
□ district attorney 지방 검사
□ jury 배심원단
□ hear of …에 대해 듣다
□ lose one's mind 미치다
□ know A as B A를 B로 알다

1 **be mistaken for** …로 오인되다, 오해 받다
He looked at the prisoner who had been mistaken for him.
그는 자신으로 오인된 죄수를 바라보았다.

2 **What a + 형용사(A) + 명사(B)!** 얼마나 A한 B인가!
What a miserable wretch!
얼마나 가엾은 사람인가!

Jean turned to the convicts and continued, "Brevet, you wore checked suspenders in prison. And Chenildieu, you have a burn on your left shoulder. Cochepaille, you have the date, March 1, 1815, tattooed on your elbow! Let us see them."

The people gasped as Chenildieu showed his scar and Cochepaille, the date on his elbow.

- □ checked 체크 무늬의
- □ suspender 멜빵
- □ burn 화상, 덴 자국
- □ tattooed 문신이 새겨진
- □ gasp 숨이 막힐 정도로 놀라다
- □ scar 흉터
- □ feel admiration for …에 감탄하다
- □ confess 자백하다, 고백하다

"You see?" said Jean, smiling sadly. "Only Jean Valjean would know these things."

Everyone felt admiration for this man who had just confessed to save the life of a stranger.

"The district attorney can arrest me whenever he wishes," said Jean. "He will find me in Montreuil-sur-Mer."

He moved toward the door and no one stopped him.

The next morning, Jean was sitting beside Fantine as she slept peacefully.

"How is she?" he asked the nun.

"Today she is better because she thinks you went to fetch her child," she said. "What will you tell her?"

"God will inspire us," he said.

When Fantine opened her eyes, she smiled at Jean.

"You've come!" she said. "Where's my Cosette?"

Suddenly her eyes widened in terror as she stared at something behind Jean's back. It was Javert!

"Mr. Madeleine, save me!" cried Fantine.

"Be calm. He hasn't come for you," said Jean calmly.

Jean approached Javert and said quietly, "I know what you want, but give me three days to fetch Fantine's daughter. Come with me if you wish."

"Cosette!" cried Fantine. "Isn't she here? Where is she? Where is my daughter?"

- □ nun 수녀
- □ inspire …에게 영감을 주다
- □ widen 커지다, 넓어지다
- □ in terror 무서워서, 겁이 나서
- □ stare at …을 응시하다
- □ Silence! 조용히 해!
- □ cough 기침하다
- □ breathlessly 숨이 가쁘게
- □ fall back on …위에 뒤로 쓰러지다
- □ pillow 베개
- □ stare sightlessly at …을 멍하니 보다
- □ smooth …을 매만지다

"Silence!" shouted Javert. "This man is a convict named Jean Valjean! And I finally have him!"

Fantine began coughing breathlessly. She opened her mouth as if to speak and suddenly fell back on her pillow. Her eyes stared sightlessly at the ceiling. She was dead. [1]

"You have murdered her, Javert!" cried Jean.

He closed Fantine's eyes and smoothed her hair under her cap.

"Now you may arrest me," he said to Javert.

1 **as if to + 동사원형** 마치 …하려는 듯이
She opened her mouth as if to speak.
그녀는 마치 말을 하려는 듯이 입을 열었다.

Javert threw Jean into the city prison. When they heard of the arrest, most of the people turned against their mayor.

"He seemed perfect," they said, "but we were wrong. He obviously wasn't honest."

Only three or four people in the town, including his housekeeper, remained faithful.

□ turn against …에게 등을 돌리다
□ obviously 명백히, 아무리 보아도
□ including …을 포함하여
□ faithful 신의 있는, 충직한
□ figure 모습, 형상
□ safe 금고
□ bundle 꾸러미, 보따리
□ funeral 장례식
□ withdraw A from B
B에서 A를 인출하다
(withdraw-withdrew-withdrawn)
□ spot 장소, 지점
□ be recaptured 다시 체포되다
□ life in prison 종신형

That evening, she was sitting sadly in her room when the door opened. She saw a familiar figure standing there.

"Mr. Mayor," she cried, "I thought you were ..."

"In prison," he said. "Yes, I was. I escaped."

He quickly opened his safe and took out the silver candlesticks. He put them carefully in a cloth bundle. Then he wrote a note:

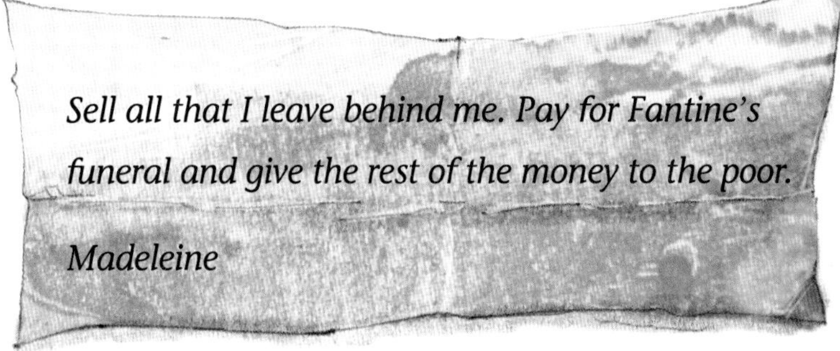

*Sell all that I leave behind me. Pay for Fantine's funeral and give the rest of the money to the poor.*

*Madeleine*

"Give this to my business manager," he said as he handed it to her.

Jean fled to Paris and withdrew all his money from the bank. He buried it with the candlesticks at a spot just outside the town. A day later, he was recaptured and sentenced to life in prison at Toulon.

Later that year, a ship was being repaired at the port in Toulon. Sailors were working high on the mast among the sails. Suddenly, one of the men at the top of the mast lost his balance. As he fell, he seized a rope and hung from it. The rope was swinging wildly.

The onlookers saw a man climb rapidly into the rigging. He wore the uniform and cap of a convict serving a life sentence. He was not a young man! [1]

He finally reached the sailor and dragged him to safety. Then he suddenly staggered and fell. There was a great splash as he disappeared beneath the water. The search for the brave convict was continued until sunset but he was not found.

The next day, a notice appeared in the Toulon newspaper:

- □ mast 돛대
- □ sail 돛
- □ seize 붙잡다
- □ hang from …에 매달리다
- □ swing wildly 마구 흔들리다
- □ onlooker 구경꾼
- □ rigging 삭구(돛 · 돛대 · 밧줄의 총칭)
- □ safety 안전한 곳
- □ stagger 비틀거리다
- □ splash (물이) 튀김, 튀기는 소리
- □ notice (신문 · 잡지의 짧은) 안내문
- □ drown 물에 빠져 죽다

# Journal

*Nov. 17, 1823.*

**Yesterday, a convict fell into the sea from a ship and drowned. He had just risked his[2] life to save a young sailor. His body has not been found. His name was Jean Valjean.**

1 **serve a life sentence** 종신형을 복역하다

He wore the uniform and cap of a convict serving a life sentence.

그는 종신형을 복역하는 죄수의 옷과 모자를 착용하고 있었다.

2 **risk one's life to + 동사원형** …하려고 죽음을 무릅쓰다

He had just risked his life to save a young sailor.

그는 한 젊은 선원을 구하려고 죽음을 무릅썼던 것이다.

## Mini-Lesson

### 과거 진행형 수동태

'…되고 있었다' 라고 과거에 진행되고 있는 일을 수동태로 나타낼 때는 「was / were being + p.p.」의 형태로 나타낸답니다.

- Later that year, a ship was being repaired at the port in Toulon.
  그해 말, 배 한 척이 뚤롱의 항구에서 수리되고 있었다.
- Dinner was being prepared in the kitchen.
  저녁 식사가 주방에서 준비되고 있었다.

Jean had not died in the fall from the ship. He had escaped so that he could keep his promise to Fantine.

A week later, he was walking through a forest toward Montfermeil. It was a cold winter night. In the moonlight he saw a little girl carrying a heavy bucket of water. She was thin and pale with ragged clothing and bare legs.

"Oh, my God! It's so heavy!" she cried.

Jean went up to the girl and seized the bucket.

"I'll carry it," he said. "This is too heavy for you. Don't you have a mother to fetch the water?"

"No." she said. "I think ... I never had one."

"What is your name, little one?"

"I am Cosette."

He felt as if he had been struck by lightning. He stopped suddenly and looked at the girl. Then he knelt beside her.

"Who sent you to fetch water at this time of night?"

"Mrs. Thenardier. She keeps the inn."

"The inn?" said Jean. "Well, I'm going to stay there tonight. Show me the way."

- □ fall 추락, 떨어짐
- □ so that절 …하기 위해
- □ keep one's promise 약속을 지키다
- □ a bucket of … 한 양동이
- □ thin and pale 핼쑥한
- □ bare 살을 드러낸
- □ go up to …로 가까이 가다
- □ be struck by lightning 벼락을 맞다

## Mini-Lesson

**as if+주어+had+p.p.**

'마치 …처럼'을 뜻하는 as if 다음에 가정법 과거완료 즉, 「had+p.p.」가 오면 주절보다 더 이전에 일어난 사실을 가정하는 표현이 만들어진답니다.

- He felt as if he had been struck by lightning.
  그는 마치 벼락을 맞았었던 것처럼 느껴졌다.
- She acts as if nothing had happened.
  그녀는 마치 아무 일도 없었던 듯이 행동한다.

When Jean entered the inn, Mrs. Thenardier noticed his shabby clothes.

"Ah!" she said. "I have no room available."

"Then I'll sleep in the stable," said Jean. "How much will it cost me?"

"Forty sous,★" she said.

★ sou는 프랑스의 옛 동전으로 20분의 1 franc에 해당한답니다.

Jean knew the price was too high, but he agreed. As he sat down at a table, Cosette placed a bottle of wine in front of him. Then she sat under the kitchen table and began knitting.

"What's the child making?" asked Jean.

"Stockings for my little girls," said the woman.

Jean looked at Cosette's small, cold feet.

"I'll buy that pair of stockings for five francs,"[1] he said. "Let the child play."

"Is it true? May I play?" asked Cosette.

"Play!" said the woman, angrily.

Cosette remained under the table, playing with some wood and rags. Thenardier's two daughters played with dolls beside the fire.

What did Cosette play with under the kitchen table?

a. dolls
b. stockings
c. wood and rags

- □ notice 주목하다, 의식하다
- □ shabby 초라한, 허름한
- □ room available 빈(쓸)방
- □ stable 마구간
- □ cost+사람(A)+가격(B) A에게 B의 비용이 들게 하다
- □ agree 동의하다, 승낙하다
- □ knit 뜨개질을 하다
- □ rag 헝겊 조각, 누더기

1 **a pair of** … 한 켤레

I'll buy that pair of stockings for five francs.

내가 그 양말 한 켤레를 5프랑에 사겠소.

Jean felt sorry for Cosette so he left the inn and 1
went to a shop nearby. A few minutes later, he returned with a beautiful doll. It was the doll that every girl in town wanted to have. He gave it to Cosette and saw her face light up like the sun. The Thenardier's daughters looked enviously at Cosette and Mrs. Thenardier's face was like thunder.

She muttered to her husband, "He dresses like a beggar and buys an expensive doll for that child. What sort of man does that?"

"I've seen millionaires who dress in rags," said her husband. "Give him whatever he wants."

Later, to Jean's surprise, he was given a comfortable 2
room to sleep in.

- □ enviously 부러운 듯이
- □ like thunder 몹시 화가 난
- □ mutter 중얼거리다, 투덜대다
- □ dress 옷차림을 하다; 옷을 입다
- □ expensive 비싼
- □ sort 종류, 부류, 유형
- □ millionaire 백만장자
- □ dress in rags 누더기를 걸치다

1 **feel sorry for** …을 안쓰럽게 여기다

Jean felt sorry for Cosette so he left the inn and went to a shop nearby. 장은 꼬제뜨를 안쓰럽게 여겨서 여관을 나와 근처 상점에 갔다.

2 **to one's surprise** 놀랍게도

Later, to Jean's surprise, he was given a comfortable room to sleep in. 나중에 놀랍게도 장은 편하게 잘 수 있는 방을 안내 받았다.

## Mini-Less∘n

See p. 112

### 「It was ... that ~」 강조 구문

'…야말로 ~했던 것이다' 라고 과거의 사실을 강조하고 싶을 때에는 「It was ... that ~」 강조 구문을 쓰면 된답니다.

- It was the doll that every girl in town wanted to have.
  그 인형이야말로 마을의 모든 소녀들이 갖고 싶어했던 것이었다.
- It was the movie that I longed to see.
  그 영화야말로 내가 보고 싶어했던 것이었다.

The next morning, Jean paid his bill. It was absurdly high, but he didn't complain.

"How's business?" he asked Mrs. Thenardier.

"Times are very hard!" she said. "And Cosette costs so much to care for. She has to work to earn her keep."

"Then she's not yours?"

"No. Her mother left her here, but we're not rich and it's difficult. We haven't heard from her mother for six months. Perhaps she's dead."

"What if I took her with me?"

"Oh, yes! Please take her. Cosette!" she called.

The child came running into the room. Jean pulled a black dress, black stockings and black shoes from his bundle and told Cosette to put them on. When she finished dressing, Jean took her by the hand and left the inn. Thenardier followed them.

- □ absurdly 터무니 없이
- □ complain 불평하다, 항의하다
- □ Times are very hard! 아주 힘든 시기예요!
- □ care for …을 돌보다
- □ hear from …에게서 소식을 듣다
- □ put ... on …을 입다
- □ take ... by the hand …의 손을 잡다
- □ banknote 은행권, 지폐
- □ signature 서명, 사인
- □ set out for …을 향해 출발하다

“I won’t allow it,” said Thenardier. “We love Cosette. But ... if you have fifteen hundred francs ...”

Jean took out three banknotes and Fantine’s letter from his wallet. He gave them to Thenardier.

“Read the letter,” he said and Thenardier read it.

“Do you know the signature?” asked Jean.

“I do,” said Thenardier.

Jean and Cosette set out for Paris.

1 **earn one’s keep** 밥값을 하다, 생활비를 벌다
She has to work to earn her keep.
그 아이는 밥값을 하려면 일을 해야 돼요.

2 **What if ...?** (만약) …라면 어떨까?
What if I took her with me? 내가 그 아이를 데려간다면 어떻겠소?

● WORDS

빈칸에 알맞은 단어를 보기에서 골라 써넣으세요.

| figure | fall | safe | suspenders |
|---|---|---|---|

1 You wore checked ________ in prison.

2 She saw a familiar ________ standing there.

3 He opened his ________ and took out the candlesticks.

4 Jean had not died in the ________ from the ship.

● STRUCTURE

괄호 안의 단어를 어법에 맞게 배열해 문장을 완성하세요.

1 Later that year, a ________ ________ ________ ________ at the port in Toulon. (being, ship, repaired, was)

2 ________ ________ ________ ________ her with me? (if, I, what, take)

3 He felt ________ ________ ________ ________ ________ struck by lightning. (as, had, if, he, been)

**Words** | 1. suspenders 2. figure 3. safe 4. fall
**Structure** | 1. ship was being repaired 2. What if I take 3. as if he had been

## ● COMPREHENSION

본문의 내용과 일치하면 T, 일치하지 않으면 F에 표시하세요.

1 Mrs. Thenardier sent Cosette to fetch water at night. T F

2 After Jean was arrested, his housekeeper turned against him. T F

3 Cosette played with Thenardier's daughters. T F

4 Jean bought an expensive doll for Cosette. T F

## ● SUMMARY

빈칸에 맞는 말을 골라 이야기를 완성하세요.

At the trial in Arras, Madeleine (      ) that he was Jean Valjean and then he went home. When Javert came for him, Fantine was so shocked that she (      ). Jean was thrown into the (      ) but escaped. He set out for Thenardier's inn to find Fantine's daughter, Cosette and met her in the (      ) near Montfermeil. Next day, Jean paid the Thenardiers and left the inn with Cosette.

a. prison b. forest

c. confessed d. died

**ANSWERS**

Comprehension | 1. T 2. F 3. F 4. T

Summary | c, d, a, b

# The Two People on the Run

도망가는 두 사람

In Paris, Jean and Cosette rented an apartment in a house near the poorest part of the city. No one else lived in the house except the landlady. Jean taught Cosette to read and he let her play most of the time. On Sundays, they went to church. Cosette grew to [1] love Jean and Jean loved Cosette deeply. They were like father and daughter.

Jean dressed like a poor man, so people sometimes gave him small coins. Jean accepted the money with a deep bow and gave it to real beggars. He became known as the beggar who gives charity to beggars.

- □ landlady 여자 집주인
- □ with a deep bow 머리를 깊이 숙이고
- □ give charity to …에게 자선을 베풀다
- □ glare at …을 노려보다
- □ shudder 몸서리치다
- □ blow out …을 (불어서) 끄다
- □ gesture for+사람(A)+to+동사원형(B) A에게 B하라는 몸짓을 하다

1 **grow to+동사원형** (차츰) …하기 시작하다
Cosette grew to love Jean and Jean loved Cosette deeply.
꼬제뜨는 장을 사랑하기 시작했고 장은 꼬제뜨를 깊이 사랑했다.

One evening, he gave some coins to a beggar near the church. The man raised his head and glared at Jean. When their eyes met, the beggar quickly dropped his head. Jean shuddered. The man looked like Javert!

That night, Jean heard the house door open and close. It was usually locked at that time of night. He blew out the candle and gestured for Cosette to be quiet. Someone came up the stairs and stopped outside the door. Jean could see the light through the keyhole. After several minutes, the light went away. Jean lay on his bed but he could not sleep.

At daybreak, Jean heard the house door open and heard footsteps again. He peeped through the keyhole and saw a man pass his door. It was Javert!

That night, Jean went outside and carefully checked the street. He saw no one, so he took Cosette by the hand and left the house. As they walked quickly along the street, Jean turned and saw four men following them. Javert was one of them!

Jean hurried forward, looking for a way to escape. He turned into a narrow street, but realized too late that it was a blind alley. They were trapped! In front of them was an eighteen-foot-high wall. Behind, Javert and his men were closing in on them! [1]

[1] 1피트는 0.3미터이므로 이 담은 5미터가 훨씬 넘네요!

"I can easily climb the wall, but Cosette can't," he thought. "I need a rope. But where ... ?"

Then he remembered! The lanterns in Paris were raised and lowered with a rope. He ran to the nearest lantern. An instant later, he was beside Cosette once more. He looped his scarf around her chest and tied the rope to the end of the scarf.

"Don't be frightened," he said.

Moments later, he was on top of the wall. He pulled Cosette up beside him and put her on his back. He crawled along the top of the wall toward the roof of a building. It was beside a tree on the other side of the wall.

Just then, Jean heard running footsteps and Javert shouting, "Search the blind alley! Find him!"

"Hold on tight," Jean whispered to Cosette.

He quickly slid down the roof to the tree and climbed down to the ground.

- □ at daybreak 새벽에, 동틀 녘에
- □ peep through …로 엿보다
- □ turn into …로 접어들다
- □ blind alley 막다른 골목
- □ lower …을 내리다
- □ loop …을 고리 모양으로 감다
- □ on top of …의 위에
- □ on the other side of …의 반대편에
- □ hold on tight 꼭 붙잡다
- □ slide down …을 미끄러져 내려가다 (slide-slid-slid)

1 **close in on** …와의 거리를 좁혀오다

Behind, Javert and his men were closing in on them!
뒤에는 자베르와 그의 동료들이 그들과의 거리를 좁혀오고 있었다!

**Mini-Lesson**

**「숫자-foot-high+명사」: …피트 높이의 ~**

길이를 나타내는 단위 foot의 복수형은 feet이지만 '…피트 높이의 ~'처럼 명사를 수식하는 경우에는 숫자와 함께 복수를 이루더라도 「숫자-foot-high+명사」로 쓴답니다.

- In front of them was an eighteen-foot-high wall. 그들 앞에는 18피트 높이의 담이 있었다.
- We plan to build a ten-foot-high statue. 우리는 10피트 높이의 동상을 세울 계획이다.

When Jean reached the ground, he saw an old man limping across the garden.

Jean went up to him and said, "Here's a hundred francs. Let us stay the night."

"Mr. Madeleine?" said the old man. "Is it you?"

"Who are you?" Jean asked in surprise.

"I'm Fauchelevent," said the old man.

Jean remembered the accident in Montreuil-sur-Mer. Fauchelevent's knee had been broken and his horse had died. So Jean had found him work in a convent in Paris.

"Then, this is the convent?" asked Jean.

"Yes," said the old man. "But how did you get in?"

"That doesn't matter," said Jean. "I must stay."

The next day, Jean and Cosette were introduced to the Mother Superior and allowed to stay in the convent. Jean worked as a gardener and Cosette joined the convent school.

□ limp 발을 절며 걷다
□ stay the night 하룻밤 묵다, 밤새다
□ in surprise 놀라서
□ find ... work …에게 일자리를 구해 주다
□ convent 수녀원
□ matter 중요하다, 문제가 되다
□ mother superior 수녀원장
□ content 만족하는

For several years, they were perfectly safe and content. But when Cosette finished school, Jean decided it was [1] time to go back into the world. They would be safe. He had grown old and Cosette was now a beautiful young woman. Who would recognize them?

1 **it is time to + 동사원형** …할 때가 되다, …할 시간이다
When Cosette finished school, Jean decided it was time to go back into the world.
꼬제뜨가 학교를 졸업하자, 장은 사회로 돌아갈 때가 되었다고 결심했다.

Jean rented a little house on the Rue Blomet. It was very private with no close neighbors. No one could gossip about them. He also rented two other houses in Paris so he and Cosette would have somewhere to hide if ever necessary. [1]

Every day, Jean and Cosette went walking in the Luxembourg Gardens. They always sat on the same bench on a quiet path.

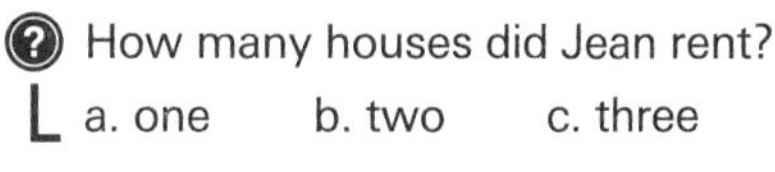

How many houses did Jean rent?
a. one b. two c. three

One day, Jean noticed a handsome young man watching them. He appeared to be interested in Cosette. She seemed to be interested in the young man too. Jean didn't like it. They moved to another house in Paris and stopped going for walks. They were safe again, for now.

□ private (남의 방해를 받지 않고) 조용히 있을 수 있는
□ gossip 잡담[남 이야기]을 하다
□ path (공원의) 작은 길, 보도
□ move to …로 이사하다
□ for now 당분간은, 지금 당장은

1 **if ever necessary** 혹시나 필요하다면
He and Cosette would have somewhere to hide if ever necessary.
장과 꼬제뜨는 혹시나 필요하다면 숨을 곳이 있게 된 것이다.

As always, Jean helped the poor and the miserable. They only had to ask for help, and he gave them whatever they needed.

One Sunday, when Jean was at the church, a woman gave him a letter signed "P. Fabantou." Fabantou had written that he desperately needed money and asked Jean to come to his apartment. It was the same apartment that Jean and Cosette had escaped from with Javert pursuing them. Jean was nervous about it. It would be dangerous, but he never turned down anyone who needed charity.

That afternoon, Jean arrived at the apartment with Cosette. A man with a thin, evil face opened the door. He looked familiar, but Jean couldn't remember where he had seen him.

The room was dark and there was no fire in the fireplace. The man's wife lay in a bed covered in filthy blankets. A young girl dressed in rags sat on the floor beside the bed.

"These are truly miserable people," thought Jean. "They are outcasts like I once was."

Jean put a bundle of clean clothes and warm blankets on the table.

"Take these," said Jean. "What else do you need?"

"You see how we live," said the man. "I need sixty francs for the rent or we'll be thrown into the streets."

"I have only five francs with me," said Jean. "But I'll come back at six o'clock with sixty francs for your rent."

□ as always 늘 그렇듯, 언제나처럼
□ pursue …을 뒤쫓다, 추적하다
□ be nervous about …에 대해 신경이 쓰이다, 불안하다
□ turn down 거절하다
□ charity 자선 물자, 구호품
□ evil 사악한
□ fireplace (벽)난로
□ covered in …로 덮여 있는
□ filthy 더러운
□ outcast 버림 받은 사람
□ a bundle of … 한 보따리

Jean returned alone to Fabantou's apartment at the appointed time. He put eighty francs on the table.

"This is for your rent and some food," he said.

Fabantou quickly grabbed the money.

"God will reward you for your kindness."

Jean saw that Fabantou's wife was standing by the door. She looked strong and healthy now. Four men were standing in the shadows against the wall.

The door opened and three more men entered, wearing masks. One carried a heavy stick and another held an axe. Fabantou's eyes blazed with anger.

"Don't you know me?" he shouted. "You came to my inn eight years ago and took Cosette. You paid me fifteen hundred francs. Do you remember?"

Jean realized that the man was Thenardier. He was caught in a trap!

1 **confuse A with B** A를 B로 혼동하다
You're confusing me with someone else.
당신은 나를 다른 사람으로 혼동하고 있군요.

2 **It's no use ...ing** …해 봐야 소용없다
It's no use pretending not to know.
모르는 척해 봐야 소용없어.

"No," said Jean calmly. "You're confusing me with 1
someone else."

"Ha! It is no use pretending not to know. I've got 2
you!" said Thenardier. "Now, you're going to write to Cosette. Tell her to bring two hundred thousand francs, or else!"

- □ appointed time 약속 시간
- □ reward A for B A에게 B에 대해 보답하다
- □ blaze with anger 분노로 이글거리다
- □ be caught in a trap 함정에 빠지다
- □ pretend …인 척하다
- □ I've got you! 잡았다!
- □ 명령형, + or else! …해라, 안 그러면 좋지 않다!

At that moment, a balled up piece of paper was thrown into the room.

"Look at this!" cried Thenardier's wife, as she held out the paper.

"Where did it come from?" asked Thenardier.

"Through the window," said his wife.

"It's from our daughter," said Thenardier. "She says the police are here. We'd better leave now!" [1]

While the others were reading the note, Jean slipped out of the window.

Thenardier was wrong to think his daughter had thrown the note. It was Marius, the young man from the Luxembourg Gardens. He lived in the apartment next to the Thenardiers. He had seen Jean and Cosette when they came to the apartment, although they hadn't seen him. And later, he had listened while the Thenardiers made their plan to trap Jean.

- □ balled up (둥글게) 뭉쳐진
- □ hold out 내밀다 (hold-held-held)
- □ slip out of … 밖으로 몰래〔슬그머니〕 나가다
- □ although (비록) …이긴 하지만
- □ keep watch 감시하다
- □ in danger 위험에 처하여
- □ toss A into B A를 B 안으로 던지다
- □ trick 속임수, 계책
- □ work 효과가 있다, 통하다
- □ hardly 거의 …하지 않다
- □ in disguise 변장하여
- □ encourage+목적어(A)+to+동사원형(B) A가 B하도록 권하다

That evening, he kept watch through a hole in the wall. When he saw that Jean was in danger, he knew he had to save him. He quickly wrote the note and tossed it into the room. The trick worked!

After his encounter with the Thenardiers, Jean hardly left the house. And when he did, he went at night and in disguise. He encouraged Cosette to stay home and spend time in the garden.

1 **had ('d) better + 동사원형** …하는 게 낫다
We'd better leave now!
우린 지금 떠나는 게 낫겠어!

# Check-up Time!

● **WORDS**

퍼즐의 빈칸에 들어갈 알맞은 철자를 써서 단어를 완성하세요.

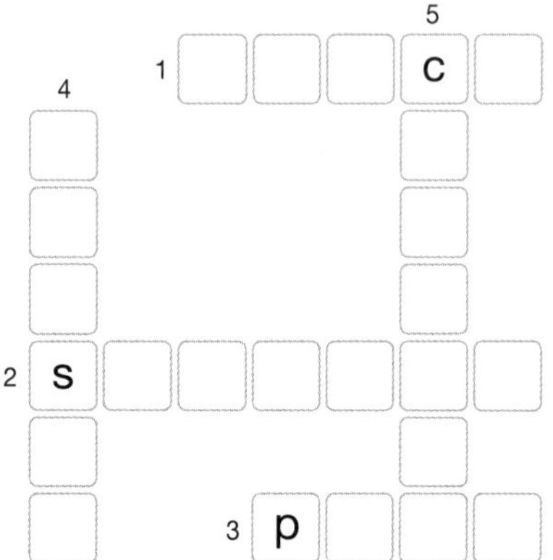


**Across**

1. 속임수
2. 몸서리치다
3. 작은 길, 보도

**Down**

4. 잡담을 하다
5. 수녀원

● **STRUCTURE**

괄호 안의 두 단어 중 알맞은 것에 동그라미 하세요.

**1** We'd better ( leave / leaving ) now!

**2** Cosette grew ( love / to love ) Jean deeply.

**3** It is no use ( to pretend / pretending ) not to know.

**4** It was time ( to go / going ) back into the world.

**Words** | 1. trick 2. shudder 3. path 4. gossip 5. convent

**Structure** | 1. leave 2. to love 3. pretending 4. to go

● COMPREHENSION

본문의 내용에 맞게 알맞은 단어를 골라 문장을 완성하세요.

1 Jean peeped through a keyhole and saw ________ pass his door.

a. Thenardier b. Javert c. Fauchelevent

2 Thenardier thought ________ threw a balled up piece of paper into the room.

a. Marius b. Cosette c. his daughter

● SUMMARY

빈칸에 맞는 말을 골라 이야기를 완성하세요.

In Paris, Jean and Cosette lived peacefully until one night when Javert appeared. They ran away with Javert pursuing them and hid in a (        ). Jean worked as a (        ) and Cosette went to school there. After several years, they went back into the world and rented a house in a (        ). Soon, they moved again because a young man seemed to be interested in Cosette and this made Jean unhappy. But when (        ) trapped Jean, the young man saved him.

a. gardener b. Thenardier

c. convent d. private place

ANSWERS

Comprehension | 1. b 2. c

Summary | c, a, d, b

CHAPTER 5

# Love and Revolution

사랑과 혁명

One evening, Cosette sat in the garden enjoying the warm breeze. All at once, she had a feeling that she[1] was not alone. She turned her head and saw Marius. She rose to her feet, feeling dizzy.

"Hello," he said. "Do you recognize me? I looked everywhere before I found you. At nights, I come here to be near you. I adore you."

"Oh!" was all she said.

She almost fainted and he quickly took her in his arms.

"Do I make you uncomfortable?" he asked.

"No," she said, and blushed.

She looked into his face with loving eyes.

He held her close and said, "You love me, then?"

"Yes," she whispered.

They kissed. They sat down on the bench and began to talk.

"What is your name?" she asked.

"My name is Marius," he said. "And yours?"

"My name is Cosette," she said.

Every night after that, Marius came to the garden.

□ breeze 산들바람, 미풍
□ dizzy 어지러운, 현기증 나는
□ adore 흠모하다, 매우 좋아하다
□ uncomfortable 기분이 언짢은, 마음이 편치 못한
□ blush 얼굴을 붉히다

1 **all at once** 갑자기 (= all of a sudden)
All at once, she had a feeling that she was not alone.
갑자기, 그녀는 혼자가 아니라는 느낌이 들었다.

One night, Jean made a shocking discovery. The Thenardiers were living in the neighborhood! He went home and told Cosette they were moving away.

When Marius next came to see Cosette, she had been crying.

"What's wrong, my love?" he asked.

"My father and I are moving to England," she said.

"You can't leave me," he said. "I'll die if you do."

□ make a shocking discovery 충격적인 사실을 발견하다
□ royalist 왕당파, 왕당원
□ die in childbirth 분만 중에 죽다
□ take A away from B A를 B에게서 떼어 놓다

The next evening, Marius visited his grandfather
for the first time in four years. His grandfather was 1
a royalist★, who had hated Marius's father because
he had fought for Napoleon. After Marius's mother
died in childbirth, his grandfather took Marius away
from his father. The old man told Marius that his
father was a bad man, and Marius believed what he
said.

★ 프랑스 왕가를 지지하던 왕당파는 나폴레옹의 집권에 반대했답니다.

1 **for the first time in ... years** …년 만에 처음으로
The next evening, Marius visited his grandfather for the first time in four years.
다음 날 저녁, 마리우스는 4년 만에 처음으로 할아버지를 방문했다.

When Marius was seventeen, he was called to his father's deathbed. He was shocked to learn that his father was actually a brave soldier and kind man. He accused his grandfather of lying to him about his [1] father and they argued bitterly.

Marius left the house and never returned. He studied hard and became a lawyer but he made little money. Several times, his grandfather sent him money but Marius refused to take it. Now, because of his love for Cosette, Marius had to see his grandfather again.

"Why have you come here?" asked Marius's grandfather, coldly. "Have you come to apologize to me?"

"No, Sir," said Marius. "I have come to ask your permission to marry."

- □ deathbed 임종의 자리
- □ argue 다투다, 언쟁하다
- □ apologize to …에게 사죄하다
- □ permission to marry 결혼 승낙
- □ without one's knowledge …가 모르게
- □ helpless 무력한, 속수무책인
- □ hopeless 절망적인
- □ make one's way to …로 가다

1 **accuse + 사람(A) + of ...ing(B)** A가 B한다고 비난하다
He accused his grandfather of lying to him about his father and they argued bitterly.
마리우스는 할아버지가 자신의 아버지에 대해 거짓말한다고 비난했고 둘은 심하게 다투었다.

"Marry whom? Is she rich?" said his grandfather.

"No," said Marius. "But I love her. Her father doesn't know about us and they're moving to England. I must marry her to be with her."

"If she meets you without her father's knowledge, she's not a respectable woman," said the old man. "You'll never have my permission to marry her."

Marius had entered his grandfather's house with little hope and left it with none. For hours, he wandered the streets, feeling helpless and hopeless. At dawn, Marius made his way to the apartment of his friend Courfeyrac.

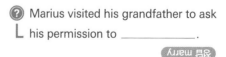

? Marius visited his grandfather to ask his permission to ______________.

정답 marry

It was 1832, and the poor people of Paris were dying of starvation and disease. They had begun speaking out against the government and talk of a revolution was increasing. The people's hero was General Lamarque and they loved him. He was the only member of the government who seemed to care about them. But two days ago he had died of the same disease that was killing the poor, and the people had lost hope.

Courfeyrac was one of the leaders of a group of student revolutionaries. Today, after General Lamarque's funeral, they were to start an armed revolution. Heart-broken, and with nothing to live for, Marius decided to join them.

At Lamarque's funeral, shots were fired and the uprising began. People built barricades in the streets using uprooted trees, carriages, paving stones and furniture.

A crowd led by Courfeyrac built a barricade in the Rue de la Chanvrerie. A wineshop at the end of the street was their headquarters. Marius, armed with two pistols, headed for the barricade.

□ die of …로 죽다
□ starvation 굶주림, 기아
□ speak out against …에 대항해서 의견을 말하다
□ care about …에 관심을 가지다
□ revolutionary 혁명가
□ armed 무장한
□ heart-broken 상심한, 비탄에 잠긴
□ be fired 발사되다
□ uprising 폭동, 반란
□ barricade 바리케이드, 방벽, 장애물
□ uprooted 뿌리째 뽑힌
□ paving stone 포장용 돌, 포석
□ headquarters 본부

## Mini-Lesson

**be동사 + to + 동사원형:** …할 예정이다

be동사 뒤에 「to + 동사원형」이 오면 '…할 예정이다'라는 표현이 만들어져요.

- Today, after General Lamarque's funeral, they were to start an armed revolution.
  오늘 라마르크 장군의 장례식 후에, 그들은 무장 혁명을 시작할 예정이었다.
- We are to get married in April. 우린 4월에 결혼할 예정이다.

That evening, Jean heard a knock on the door. When he opened it, a boy gave him a letter.

"This is for Cosette," he said. "It's from Marius. He's at the barricade at the Rue de la Chanvrerie."

Jean opened the letter.

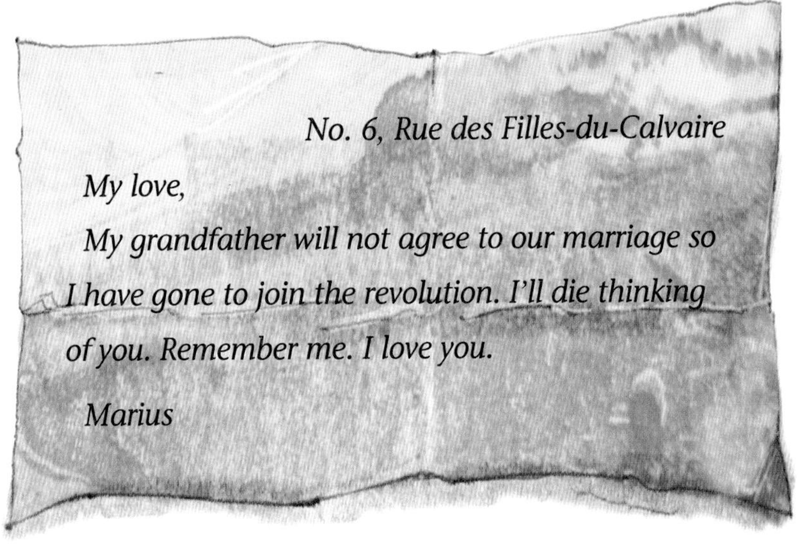

*No. 6, Rue des Filles-du-Calvaire*

*My love,*

*My grandfather will not agree to our marriage so I have gone to join the revolution. I'll die thinking of you. Remember me. I love you.*

*Marius*

□ agree to … 에 찬성하다
□ relief 안도, 안심
□ stand by 가만히 있다, 방관하다
□ loaded 탄알을 잰, 장전한
□ cartridge 탄약통
□ escape 탈출구, 도주로

1 **be determined to + 동사원형** …하기로 결심하다
The young man was determined to die for the revolution.
그 청년은 혁명을 위해 죽기로 결심했다.

Jean's hands shook as he read Marius's words. He realized that Cosette had been seeing Marius secretly. For a moment, Jean was furious that she had lied to him. Then, he felt a moment of joy and relief. The
young man was determined to die for the revolution. 1
So it was all over. But no! Marius was still alive and Cosette loved him.

"Can I stand by and do nothing?" he thought. "No, I must do something."

An hour later, he left the house with a loaded gun and a box of cartridges. He was headed toward the Rue de la Chanvrerie.

Jean arrived at the barricade at dawn. The revolutionaries were waiting for the king's soldiers ☀ to come. They knew there was no escape, but they would die fighting.

**Mini-Less☀n**

See p.113

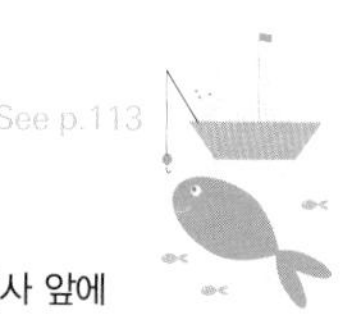

**to 부정사의 의미상의 주어는?**

문장 전체의 주어와 to 부정사의 의미상의 주어가 일치하지 않을 때는 to 부정사 앞에 「for + 명사 (대명사)」를 쓴답니다.

- The revolutionaries were waiting for the king's soldiers to come.
  혁명가들은 왕의 군사들이 오기를 기다리고 있었다.
- I waited all night for you to call. 나는 네가 전화하기를 밤새 기다렸어.

Jean went into the cellar of the wineshop. He was shocked to see Inspector Javert tied up to a post. Apparently, Javert had pretended to be one of the revolutionaries so that he could spy on them. But he had been recognized and caught before he could escape.

In the cellar, the leader of the revolutionaries was giving orders.

“Men with wives and children go home! The rest of you, get to the barricades. The last man to leave this cellar will shoot the police spy,” he said.

“I’ll do it,” said Jean.

When the men rushed outside to the barricades, Jean and Javert were left alone. Jean grabbed Javert and dragged him into a lane behind the wineshop. He took a knife from his pocket.

“That’s right,” said Javert, bitterly. “Stab me in the 1
heart! That’s your style.”

Jean cut the ropes from Javert’s wrists and said, “You’re free to go.”

Javert was so shocked that he couldn’t move.

Jean continued, "If I live through this, you'll find me at No. 7 Rue de l'Homme Arme."

"You should have killed[2] me," snarled Javert.

"Get out of here!" said Jean.

Javert buttoned his coat and squared his shoulders. Then he disappeared into the darkness.

Jean fired his pistol into the air and shouted, "He's dead!"

- □ cellar 지하 저장고
- □ tied up to …에 묶여 있는
- □ spy on …을 염탐하다
- □ give orders 명령을 내리다
- □ lane 골목길, 좁은 길
- □ wrist 손목
- □ live through …을 겪고 살아남다
- □ snarl 으르렁거리다, 호통치다
- □ button …의 단추를 채우다
- □ square (몸 · 어깨)를 똑바로 펴다

1 **stab ... in the heart** …의 가슴을 찔러 죽이다

"That's right," said Javert, bitterly. "Stab me in the heart!"
"그렇지. 나의 가슴을 찔러 죽여라!" 자베르가 씁쓸하게 말했다.

2 **should have + p.p.** …했어야 했다

"You should have killed me," snarled Javert.
"당신은 날 죽였어야 했어." 자베르가 으르렁거렸다.

**• WORDS**

빈칸에 알맞은 단어를 보기에서 골라 써넣으세요.

| uprising | deathbed | breeze |
|---|---|---|

1 Marius was called to his father's _______ when he was seventeen.

2 Cosette enjoyed the warm _______ in the garden.

3 At Lamarque's funeral, shots were fired and the _______ began.

**• STRUCTURE**

빈칸에 알맞은 전치사를 보기에서 골라 문장을 완성하세요.

| without | of | in | at |
|---|---|---|---|

1 I visited my aunt for the first time _______ four years.

2 All _______ once, she had a feeling that she was not alone.

3 She met Marius _______ her father's knowledge.

4 He accused his grandfather _______ lying to him.

**ANSWERS**

**Words** | 1. deathbed 2. breeze 3. uprising

**Structure** | 1. in 2. at 3. without 4. of

## ● COMPREHENSION

본문의 내용과 일치하면 T, 일치하지 않으면 F에 표시하세요.

1 Marius gave orders to the revolutionaries. T F

2 Jean was determined to die for the revolution. T F

3 Marius didn't apologize to his grandfather. T F

4 Javert pretended to be one of the revolutionaries. T F

## ● SUMMARY

빈칸에 맞는 말을 골라 이야기를 완성하세요.

Cosette and Marius met secretly every night. Jean found out the Thenardiers were living in the ( ) and decided to move to ( ). When Marius heard about this, he visited his grandfather to ask his permission to marry Cosette but he refused. Marius joined the ( ) and sent Cosette a letter. Jean read the letter and realized Cosette and Marius loved each other. He went to the ( ) and saw Javert there. Jean could have killed Javert but set him free.

a. England b. revolution

c. barricades d. neighborhood

ANSWERS

Comprehension | 1. F 2. F 3. T 4. T

Summary | d, a, b, c

〈레 미제라블〉은 19세기 초 프랑스 격동기를 배경으로 하는데요, 나폴레옹은 바로 이때의 인물이랍니다. 그에 대해 함께 알아볼까요?

위대한 영웅 나폴레옹

# Napoleon, the Great Hero

Napoleon Bonaparte (1769 ~ 1821) is one of the world's greatest military heroes. As a boy he was quiet, spending much time in reading, but he grew up to be an ambitious soldier. When he was 28, as a commander of the French Army, he led his troops across the treacherous Swiss Alps to successfully invade Italy. When he was told that his plan to conquer all of Europe was impossible, he famously said, "The word impossible is not in my dictionary."

After the French Revolution, the monarchy collapsed and political instability followed. Taking advantage of this, Napoleon staged a coup in 1799 and became the First Consul, eventually crowning himself Emperor in 1804. However, royalists who were loyal to the Bourbon monarchy were passionately opposed to Napoleon and his supporters. This explains why, in *Les Miserables*, Marius's grandfather, a royalist, hated Marius's father, a soldier in Napoleon's army. After a series of wars with other countries, Napoleon's forces were defeated and his empire was overthrown. He returned to the power but was once again defeated and confined on the island of St. Helena until he died. However, Napoleon is remembered as a great military and political leader and Emperor of the French.

나폴레옹 보나파르트(1769 ~ 1821)는 세계적으로 위대한 영웅들 가운데 한 명이에요. 어린 시절에는 독서를 하며 많은 시간을 보내는 조용한 성격이었으나 대망을 품은 군인으로 자라났지요. 28세에는 프랑스 군사령관으로서 자신의 군대를 이끌고 위험한 스위스의 알프스 산맥을 넘어 이탈리아 침공에 성공했어요. 유럽 전역을 정복하겠다는 그의 계획이 불가능하다는 말을 듣고서 그는 '내 사전에 불가능이란 말은 없다' 라는 명언을 남겼답니다.
프랑스 혁명 후 군주제가 붕괴되고 정치적 불안정이 뒤따랐어요. 이를 틈타 나폴레옹은 1799년 쿠데타를 일으켜 제1통령이 되었고, 종국에는 1804년 스스로 나폴레옹 황제에 즉위합니다.
그러나 부르봉 왕조를 지지했던 왕당파들은 나폴레옹과 지지자들을 격렬하게 반대했어요. 이는 〈레 미제라블〉에서 왕당파였던 마리우스의 할아버지가 나폴레옹 군의 군인이었던 마리우스의 아버지를 왜 미워했는지를 설명해 줍니다.
다른 나라들과 잇단 전쟁을 치른 후 나폴레옹의 군대는 패하여 그의 제국은 무너졌어요. 그가 권력을 되찾기도 했지만 다시 한번 패하여 죽을 때까지 세인트헬레나 섬에 갇혀 지냈답니다. 그러나, 나폴레옹은 위대한 군인, 정치 지도자, 프랑스의 황제로 기억되고 있답니다.

# Redemption and Death

구원과 죽음

Jean returned to the barricades, but he didn't take [1] part in the fighting. Instead, he took care of the wounded while watching Marius closely. When Marius was shot, Jean picked him up and carried him into the alley. No one saw them. For a moment, they were safe but there seemed no way to escape. Then, Jean saw an iron grating in the street. He lifted Marius onto his shoulders and slid into the hole. They were in the sewers of Paris.

Jean walked forward, feeling Marius's breath on his cheek. The young man was unconscious, bleeding but alive. Finally, Jean reached a grating near the riverbank, but it was locked. They would have to find another way out.

1 **take part in** …에 참여하다
Jean returned to the barricades, but he didn't take part in the fighting.
장은 바리케이드로 돌아갔지만 싸움에는 참여하지 않았다.

□ the wounded 부상자들
□ iron grating (하수구의) 쇠 격자 뚜껑[문]
□ slide into …로 슬쩍 들어가다
□ sewer (도시의) 하수도
□ unconscious 의식을 잃은
□ bleed 피를 흘리다
□ riverbank 강둑
□ way out 출구, 탈출구

All of a sudden, a hand grabbed Jean's shoulder. It was Thenardier! Jean knew him immediately, but Thenardier didn't recognize Jean in the dark.

"You've killed him," said Thenardier. "Take his money and give me yours too. Then you can have the key."

Jean silently emptied Marius's pockets and his own. He handed Thenardier thirty francs.

"Life is cheap!" said Thenardier, laughing.

Quietly and cautiously, he tore a piece of cloth from Marius's jacket and put it in his pocket. Then he threw the key on the ground and disappeared.

Minutes later, Jean and Marius were on the riverbank. Jean dipped his hand in the river and gently sprinkled water on Marius's face. Suddenly, he felt someone watching him. It was Javert.

"Inspector Javert," said Jean, "arrest me or kill me, but help me carry him home first. I know where he lives."

1 **be on call for** …을 위해 대기 중이다
Javert called a coachman who was on call for official duty.
자베르는 공무를 위해 대기 중인 마부를 불렀다.

Javert called a coachman who was on call for official 1
duty. At Rue des Filles-du-Calvaire, Javert and Jean carried Marius upstairs.

"Inspector Javert," said Jean, "Let me go home for a moment. I want to tell Cosette that her friend is safe. Then you can take me to prison."

Javert agreed, and the carriage set off once more. At the entrance to Jean's house, it halted. Javert told the driver to leave.

"Go upstairs," said Javert. "I'll wait for you here."

Jean went up the stairs and stopped at the first floor landing to look out of the window. He couldn't believe his eyes! The street was deserted. Javert had gone. Months later, Jean learned from a newspaper that Javert had jumped into the Seine and drowned.

□ in the dark 어둠 속에서
□ empty …을 비우다
□ cautiously 조심스럽게
□ tear A from B A를 B에서 뜯어내다 (tear-tore-torn)
□ dip A in B A를 B에 담갔다 빼다
□ sprinkle A on B A를 B에 끼얹다
□ coachman 마부
□ official duty 공무
□ set off 출발하다
□ halt 멈추다
□ landing 층계참

Marius's wounds were serious. He lay in a fever, repeating Cosette's name over and over. He was very sick for four months before he fully recovered from his wounds. By that time, the revolution was over.

When he asked who had saved him, no one could tell him. The servants knew that he had been brought home in a carriage, but that was all.

He missed Cosette and wondered what had happened to her. He told his grandfather that he wanted to find her and marry her.

The old man laughed and said, "Her father has come to ask after you every day since you were wounded. She is well brought up and her father is a wealthy man. You may see her tomorrow."

The next day, Marius was overjoyed when Cosette appeared in his room with her father. They met every day after that and on the 16th of February 1833, Marius and Cosette were married.

That night, when Jean was alone in his apartment, he wept as if his heart were broken. He thought of the forest at Montfermeil where he had first seen Cosette. Then, she had no one in the world but him. Now, she had Marius.

□ wound 상처, 부상
□ in a fever 열이 나서
□ over and over 계속해서
□ recover from …에서 회복하다
□ ask after …의 안부를 묻다
□ be well brought up 가정 교육을 잘 받고 자라다
□ be overjoyed 매우 기뻐하다

Mini-Lesson

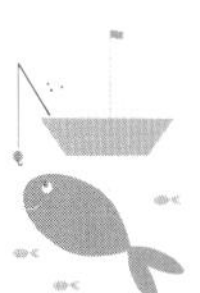

**by와 until의 차이는?**

by와 until은 '…까지'라는 뜻의 전치사인데요, by는 그 시점까지 끝나는 '완료'에 중점을 둔 표현이고, until은 그 시점까지 계속되는 '진행'에 중점을 둔 표현이랍니다.

- By that time, the revolution was over. 그때까지는 혁명이 끝나 있었다.
- I'm on vacation until Monday. 난 월요일까지 계속 방학이야.

The next morning, Jean went to see Marius.

"I have a confession to make," said Jean. "I'm an ex-convict."

"That's not true," cried Marius.

"It's true," said Jean. "My name is Jean Valjean. Cosette thinks I'm her father, but I'm not."

"Why are you telling me this?

"Because it's honest. I won't steal a name in order to live. May I still see her?"

"Yes," said Marius, reluctantly. "And I'll keep your [1] secret. Cosette will be miserable if she doesn't see you every day."

"Thank you," said Jean, gratefully.

For a while, Jean continued to visit Cosette every day. Then he began to occasionally miss a day. His visits became less frequent and shorter. Cosette didn't [2] complain so he stopped his visits. Cosette no longer sent messages to ask why.

1 **keep one's secret** …의 비밀을 지키다 (간직하다)
And I'll keep your secret. 그리고 전 아버님의 비밀을 지켜 드리겠어요.

2 **become + 형용사의 비교급** 점점 …해지다
His visits became less frequent and shorter.
장의 방문 횟수가 점점 적어지고 머무르는 시간도 점점 짧아졌다.

And then for a week, he didn't leave his room. The landlady was worried and called a doctor.

"He's dying," said the doctor. "He seems to have lost someone he loves."

- □ have a confession to make 고백할 게 있다
- □ ex-convict 전과자
- □ in order to+동사원형 …하기 위해서
- □ reluctantly 마지 못해
- □ occasionally 가끔, 때때로
- □ frequent 빈번한
- □ no longer 더 이상 …하지 않는

### Mini-Lesson

**완료 부정사: to have+p.p.**

주절의 시제를 기준으로 이전에 일어난 일을 나타낼 때는 완료 부정사 「to have+p.p.」를 쓴답니다.

- He seems to have lost someone he loves. 그는 자신이 사랑하는 사람을 잃어버린 것 같습니다.
- She is said to have been a brilliant student. 그녀는 (예전에) 뛰어난 학생이었다고 한다.

The same evening, Marius had a visitor. It was Thenardier.

"I have information about your wife's father," said Thenardier. "For one thousand francs I'll tell you about him."

"I already know about him," said Marius. "His name is Jean Valjean. He's an ex-convict."

"Actually, he's a murderer," said Thenardier. "On the 6th of June 1832, I was in the Grand Sewer.★ I heard footsteps and saw a man carrying a corpse on his shoulders. He is your wife's father. I believe he killed the young man and stole his money. I have a proof."

★ Grand Sewer는 파리의 모든 폐수가 모이는 대규모 지하수도랍니다.

Thenardier held out a small, dirty piece of cloth. Marius rushed to a closet and pulled out his bloodied, ragged jacket. The piece of cloth matched it exactly.

"You fool. That young man was me!" cried Marius. "Get out of my house!"

He rushed to find Cosette.

"Cosette!" he cried. "It was your father who rescued me at the barricades. We are going to bring him home."

? What did Thenardier bring as a proof?

a. a bloodied jacket
b. a dirty piece of cloth

- □ murderer 살인자
- □ corpse 시체
- □ proof 증거, 증명
- □ closet 벽장
- □ pull out …을 꺼내다
- □ bloodied 피투성이의
- □ match …와 맞다(어울리다)
- □ rescue 구출하다

Before long, Marius and Cosette were knocking at Jean's door.

"Come in," said Jean, weakly.

The door opened and Cosette rushed into the room.

"Cosette!" cried Jean, stretching out his trembling arms.

Cosette threw her arms around him. Marius closed his eyes to try to stop the tears from flowing.[1]

"My father!" he said. "I owe my life to you. You should have told me. You will not stay another day in this dreadful house."

"Tomorrow, I won't be here, but I won't be with you, either," said Jean.

Cosette took Jean's hands in hers and said, "Are you ill, Father? Are you in pain?"

"No," replied Jean, in a weak voice, "but I'm dying. I love you both dearly."

Cosette and Marius knelt beside his bed.

- □ before long 곧, 머지않아
- □ stretch out …을 뻗다〔펴다〕
- □ throw one's arms around 두 팔로 …을 껴안다
- □ flow 흐르다
- □ owe A to B B에게 A를 빚지다
- □ dreadful 끔찍한, 지독한
- □ in pain 아파하여, 고통스러워
- □ dearly 몹시, 대단히
- □ murmur 중얼거리다, 속삭이다
- □ shine on …위에 비치다〔빛나다〕 (shine-shone-shone)

"I love you, Father," said Cosette, as she kissed his cheek.

"How sweet it is to die like this!" murmured Jean, 2 with his final breath.

The light from the two silver candlesticks shone on his pale face as he closed his eyes for the final time.

1 **stop + 목적어(A) + from ...ing(B)** A가 B하는 것을 멈추다 (막다)
Marius closed his eyes to try to stop the tears from flowing.
마리우스는 눈물이 흘러내리는 것을 멈추게 하려고 눈을 감았다.

2 **How + 형용사(A) + it is to + 동사원형(B)!** B하는 것은 얼마나 A한가!
How sweet it is to die like this!
이렇게 죽는 것은 얼마나 기분 좋은가!

# Check-up Time!

● WORDS

빈칸에 들어갈 알맞은 단어를 고르세요.

1 Jean ________ Marius's pockets and his own.

a. halted b. murmured c. emptied

2 The young man was ________ but alive.

a. bleeding b. flowing c. matching

3 His visits became less ________ and shorter.

a. unconscious b. frequent c. bloodied

● STRUCTURE

괄호 안의 단어를 어법과 문형에 맞게 배열해 문장을 완성하세요.

1 Javert called a coachman who ________ ________ ________ ________ official duty. (for, on, was, call)

2 He ________ ________ ________ ________ someone he loves. (have, seems, to, lost)

3 ________ ________ ________ ________ to die like this! (it, is, sweet, how)

ANSWERS

Words | 1. c 2. a 3. b
Structure | 1. was on call for 2. seems to have lost
3. How sweet it is

● COMPREHENSION

이야기의 흐름에 맞게 순서를 정하세요.

a. Marius recovered from his wounds.

b. Cosette and Marius went to Jean's apartment.

c. Jean confessed that he was an ex-convict.

d. Thenardier showed Marius a piece of cloth as a proof.

(     ) → (     ) → (     ) → (     )

● SUMMARY

빈칸에 맞는 말을 골라 이야기를 완성하세요.

When Marius was shot, Jean carried him into the (     ). Jean met Thenardier there but Thenardier didn't recognize him and asked him for money. Later, Jean met Javert on the (     ) and Javert helped him take Marius home. When Marius became healthy, he and Cosette married. But Jean was (     ) and became ill. Later, Marius found that Jean had (     ) him. Jean died peacefully with Marius and Cosette beside him.

a. rescued   b. heart-broken

c. sewers   d. riverbank

Comprehension | ( a )→( c )→( d )→( b )

Summary | c, d, b, a

# After the Story

**Reading X-File** 이야기가 있는 구문 독해

**Listening X-File** 공개 리스닝 비밀 파일

**Story in Korean** 우리 글로 다시 읽기

본문 page 19
본문 page 39

# No sooner had Jean gone to bed than he fell fast asleep.

장은 잠자리에 들자마자 곤히 잠들었다.

★ ★ ★

감옥에서 출소한 장 발장은 전과자라는 신분 때문에 가는 여관마다 거절을 당합니다. 다행히 인정 많은 주교가 저녁 식사와 잠자리를 마련해 주고 몹시 피곤했던 장 발장은 잠자리에 들자마자 이내 잠들고 맙니다. 위 문장은 그 상황을 '… 하자마자 ~ 하다' 라는 뜻의 No sooner had + 주어 + p.p. than + 주어 + 과거형 동사를 써서 나타내고 있어요. 이때 강조를 위해 no sooner가 문두에 오면서 어순이 도치되었다는 것도 기억해 두세요. 그럼 마리우스와 장 발장의 대화로 이 표현을 살펴볼까요?

Marius

You risked your life to rescue me at the barricades. Why did you do that?

아버님은 바리케이드에서 죽음을 무릅쓰고 저를 구해 주셨어요. 왜 그러셨어요?

Jean Valjean

No sooner had I read your letter than I realized that Cosette and you are in love. I had to do it for Cosette.

자네의 편지를 읽자마자 난 꼬제뜨와 자네가 사랑하는 사이임을 알았네. 난 꼬제뜨를 위해서 그래야만 했어.

## He was a robust man who walked with a slight limp, as you do.

그는 당신처럼 약간 절룩거리며 걷는 건장한 남자였소.

★ ★ ★

자베르는 마들렌느 시장이 수배된 죄수 장 발장이라고 믿고 고발하지만 장 발장은 이미 체포되었다는 소식을 듣게 됩니다. 이에 자베르는 시장을 찾아가 그동안 자신이 그를 의심했다고 고백하는데요, 그 이유를 설명하는 위 문장의 as you do에서 do는 앞에 나온 동사 walked의 반복을 피하기 위해 쓰인 대동사라는 것, 눈치채셨나요? 동사의 반복을 피하기 위해 쓰는 대동사, 꼬제뜨와 장 발장의 대화로 익혀 보세요.

Cosette

You always help the poor and the miserable. You give them whatever they need.

아버지는 항상 가난하고 비참한 사람들을 도와 주세요.
그들이 필요한 것은 무엇이든 주시죠.

Jean Valjean

The Bishop of Digne gave all his money to the poor. I want to live simply, as he did.

디뉴의 주교는 가난한 사람들에게 그의 돈을 모두 주었단다.
난 그분이 그랬던 것처럼 소박하게 살고 싶어.

# It was the doll that every girl in town wanted to have.

그 인형이야말로 마을의 모든 소녀들이 갖고 싶어했던 것이었다.

★ ★ ★

따뜻한 벽난로 옆에서 인형놀이를 하는 떼나르디에의 두 딸과 달리 부엌 식탁 밑에서 나무와 헝겊을 가지고 놀던 꼬제뜨는 장 발장이 선물한 예쁜 인형을 받고 무척 행복해합니다. 그리고 꼬제뜨는 순식간에 두 아이의 부러움을 받게 되는데요, 그 인형이 바로 마을의 모든 소녀들이 갖고 싶어 했던 인형이었기 때문이죠. 이를 설명하는 위 문장에 '…야말로 ~했던 것이다' 를 뜻하는 It was ... that ~ 강조구문이 쓰였어요. 그럼 이 표현을 꼬제뜨와 장 발장의 대화로 다시 익혀 봐요.

Cosette

You carried a bucket of water for me and bought me an expensive doll. Why were you so kind to me?

아버지는 저를 위해 물동이를 들어 주고 비싼 인형도 사 주셨어요. 왜 저에게 그렇게 친절하셨나요?

Jean Valjean

I came there to find my friend's daughter. And it was you that I was looking for.

난 친구의 딸을 찾으러 그곳에 갔단다. 그리고 네가 바로 내가 찾고 있었던 소녀였단다.

## The revolutionaries were waiting for the king's soldiers to come.

혁명가들은 왕의 군사들이 오기를 기다리고 있었다.

★ ★ ★

1832년 파리의 시민들은 굶주림과 질병으로 죽어가고 이에 분노한 시민들과 학생들은 정부에 대항하여 혁명을 준비하는데요, 마리우스와 친구들도 혁명에 가담하여 왕의 군사들과의 일전을 기다립니다. 이때의 상황을 묘사한 위 문장에 for the king's soldiers라는 표현은 to come의 의미상의 주어인데요, 이처럼 문장의 주어와 to 부정사의 주어가 다를 때는 to 부정사 앞에 그 주어를 for + 명사〔대명사〕 형태로 나타내 준답니다. 그럼 이 표현을 꼬제뜨와 마리우스의 대화로 살펴볼까요?

Cosette

I waited for you to come to my garden last night but you didn't. Where were you?

전 어젯밤에 당신이 제 정원에 오길 기다렸는데 오시지 않더군요. 어디에 계셨던 거예요?

Marius

I visited my grandfather to ask his permission to marry. He refused so I wandered the streets all night.

난 결혼 허락을 받으러 할아버지를 찾아갔소. 할아버지가 거절해서 난 밤새 거리를 헤맸다오.

## 01 스타일이 멋지다구요?

s 뒤에 오는 t는 [ㄸ]로 힘주어 발음하세요.

style, 어떻게 발음하나요? [스타일]이라고 발음한다면, Oh, no! t는 s 뒤에서 된소리로 발음되기 때문에 [ㅌ]가 아닌 [ㄸ]에 가깝게 발음해야 해요. 그러니까 style은 [스타일]보다는 [스따일]이라고 발음해야 원어민의 발음에 가까워진답니다. 그럼 t가 s를 만나 된소리가 되는 경우를 본문 22쪽과 55쪽에서 확인해 볼까요?

We ( ① ) him because he looked suspicious.

① **stopped** [스땁ㅌ]라고 발음해서 영어의 맛을 살리세요.

"( ② ) for my little girls," said the woman.

② **Stockings** 이제부터 t를 된소리로 강하게 발음해서 [스따킹ㅈ]라고 하세요.

## 02 마무리가 중요해요!

받침으로 들어가는 l은 [얼]로 발음하세요.

미국 식당에서 "계산서 주세요.(Bill, please.)"라고 할 때 계산서를 그냥 [빌]이라고 발음하면 잘 알아듣지 못 할 거예요. 왜냐구요? 그건 bill을 발음할 때 [어]를 살짝 넣어 [비얼]이라고 발음하지 않았기 때문이에요. -il, -eal, -eel도 모두 [이얼]로 발음 된다는 것, 기억해 두세요. 본문 58쪽과 104쪽에서 이러한 예를 살펴볼까요?

The next morning, Jean paid his ( ① ).

① **bill** 어때요? [빌]이 아니라 [비얼]로 발음되었죠?

Are you ( ② ), Father? Are you in pain?

② **ill** 살짝 [어]를 넣어서 [이얼]로 발음해 주세요.

# 03 생략하면 편해져요 ~

3개의 자음이 연이어 나오면 중간 자음은 생략하세요.

exactly를 원어민은 어떻게 발음할까요? [이그재ㅋ틀리]라고 발음할 것 같지만 [이그재클리]라고 발음한답니다. 모음 없이 자음만으로 이어진 단어는 발음하기가 쉽지 않아 연이어진 자음 -ctl-에서 가운데 자음인 t를 생략해서 더 편하게 발음하려는 거지요. 그럼 본문 67쪽과 74쪽에서 중간 자음의 생략을 확인해 볼까요?

For several years, they were ( ① ) safe and content.

① **perfectly** -ctl- 중 가운데 자음 t를 생략하고 [퍼r훽클리]로 발음하세요.

He lived in the ( ② ) next to the Thenardiers.

② **apartment** [어파r트먼트]가 아니라 -rtm- 중 가운데 자음 t를 생략하고 [어파r먼트]라고 발음했어요.

## 04 world 발음은 만만치 않다!

rl은 r과 l을 모두 제대로 발음해 주세요.

흔히 쓰이는 단어 world를 쉽게 [월ㄷ]라고 발음하고 있지만 사실 그 발음은 굉장히 까다로워요. r과 l을 모두 제대로 발음해야 하기 때문이죠. 우선 혀를 구부려 [워r]라고 발음한 다음 혀끝을 윗니 뒤에 붙였다가 떼면서 [을ㄷ]를 덧붙이면 된답니다. 따라서 [워r을ㄷ]가 되죠. 이러한 예를 본문 71쪽과 89쪽에서 살펴볼까요?

A young ( ① ) dressed in rags sat on the floor beside the bed.

① **girl** 그냥 [걸]이 아니에요. [거r을]로 발음하세요.

"You should have killed me," ( ② ) Javert.

② **snarled** 역시 r과 l을 모두 발음하여 [스나r을ㄷ]로 발음했지요?

우리 글로 다시 읽기

# 레 미제라블

## 1장 | 빵 한 덩어리의 대가

p.14~15 1815년 10월의 어느 저녁, 한 남자가 디뉴라는 작은 마을에 발을 들여놓았다. 그는 더럽고 남루한 옷을 입고 등에 큰 배낭을 지고 있었다.

그는 시청에 들렀는데, 마을에 들어온 외지인들은 모두 보고를 해야만 했기 때문이다. 그리고 나서 그는 근처 여관으로 터벅터벅 걸어 들어갔다.

"무엇을 드릴까요?" 여관 주인이 물었다.

"잘 곳과 먹을 것을 주시오. 돈은 낼 수 있소." 그 남자가 말했다.

"그렇다면 환영입니다." 여관 주인이 말했다.

그 외지인이 난롯가 의자에 털썩 앉자 여관 주인은 쪽지를 하나 적었다.

"이것을 시청에 가져가라." 그는 부엌일을 하는 소년에게 속삭였다.

몇 분 뒤에 소년이 돌아와서 여관 주인에게 쪽지를 하나 건네주었다. 그는 쪽지를 읽고 눈살을 찌푸렸다.

그는 외지인에게 다가가서 말했다. "여기에 머무실 수 없소."

"왜요? 돈은 있소." 그 외지인이 말했다.

"난 당신이 누군지 알고 있어. 죄수에게 시중을 들 순 없지."

"난 자유인이오! 원한다면 미리 돈을 내겠소이다."

"내 여관에서 나가!" 여관 주인은 화난 듯이 말했다.

외지인은 배낭을 집어 들고 떠났다.

p.16~17 9년 전, 그 남자는 정직하고 열심히 일하는 젊은 벌목꾼이었다. 그는 일자리를 잃은 후에 누이의 굶주린 아이들에게 먹이려고 빵 한 덩어리를 훔쳤다. 그는 잡혀서 교도소에서의 5년 형을 선고 받았다. 네 번을 탈출하려고 시도했고, 네 번 모두 실패했다. 매번 그의 형량이 늘어났다. 이제 그는 46세로 뚤롱 감옥에서 막 출소했다. 그의 이름은 장 발장이었다.

어스름이 깔리고 무척이나 추웠다. 그는 하루 종일 걸어서 목마르고, 배고프고, 지칠 대로 지쳐있었다. 마을에 있는 모든 여관에 가 보았지만 아무도 그를 머물게 해 주지 않았다. 마침내, 그는 포기하고 교회 근처에 있는 얼음장처럼 차가운 돌 벤치에 누웠다.

'여기서 자야겠군. 오늘 밤은 더 이상 걸을 수 없어.'

바로 그때 한 노부인이 교회에서 나와 말했다. "여기서 자면 안 돼요. 갈 곳이 없다면 저 집을 두드려 봐요. 그곳 사람들은 당신을 도와줄 거예요."

그녀는 길 건너 작은 집을 가리켰다. 그곳은 디뉴의 주교 미리엘의 집으로 그는 검소한 생활을 하고 자신의 돈을 모두 가난한 사람들에게 주었다. 그는 대고모에게서 상속 받은 몇 개의 은제품 외에는 값비싼 것은 가지고 있지 않았다.

p.18~19 장은 문을 두드렸고 75세 정도 된 노인이 문을 열었다.

"무엇을 도와드릴까요?" 주교는 미소를 지으며 말했다.

"어떤 선한 부인이 저에게 이리로 가라고 했어요. 전 배가 몹시 고프고 지칠 대로 지쳤지만 죄수였다는 이유로 아무도 저를 묵게 하지 않았어요. 저는 제가 위험한 인물이라고 쓰인 노란 신분증을 지니고 있습니다. 저를 묵게 해 주시렵니까? 돈은 드릴 수 있습니다."

장은 주교가 가버리라고 말하기를 기다렸는데 그 대신 주교는 장을 안으로 불러들였다.

"이곳은 하느님의 집이오. 당신은 우리가 가진 모든 것을 같이 써도 좋습니다." 주교가 말했다.

"뭐요! 정말로요? 저를 묵게 해 주신다고요? 인정이 있으십니다. 어르신." 장은 어리둥절하여 말했다.

주저하며 장은 안으로 발을 옮겼다.

가정부는 흰 식탁보 위에 은그릇으로 상을 차리고 은촛대에 불을 켰다. 그러고는 스프, 베이컨과 양고기, 신선한 치즈와 빵으로 저녁 식사를 차렸다. 주교는 장에게 식탁에서 자신의 옆 자리에 앉으라고 정중하게 청했다. 그리고 주교가 기도를 마치자마자 장은 더 이상 먹지 못할 때까지 게걸스럽게 먹어댔다.

저녁 식사 후, 주교는 장을 손님 방으로 안내했다. 장은 잠자리에 들자마자 곤히 잠들었다.

p.20~21 새벽 두 시, 장은 잠에서 깨어나서는 잠자리가 너무 편한 탓에 다시 잠들기가 어려웠다. 갑자기 주교의 은식기가 그의 머릿속에 떠올랐다! 그는 가정부가 주교의 침대 옆 식기장에 그것을 두는 것을 보았다.

'팔면 200프랑을 받을 수 있을 텐데. 어쩌면 그 이상으로.'

그는 일어서서 조용히 주교의 방으로 난 문을 열었다. 주교는 똑바로 누워서 평화롭게 숨을 쉬고 있었다.

장이 침대 곁에 다다르자, 한 줄기 달빛이 주교의 온화한 얼굴을 비추었다. 그에게는 어떤 신성함과 평온함이 깃들어 있었다.

'이 분은 잠든 하느님처럼 보이는구나. 이 분한테서 훔치면 안 되지만…' 장은 생각했다.

그는 잠시 동안 경외의 눈으로 잠든 남자를 바라보았다. 그리고 재빠르게 침대를 지나 식기장으로 움직였다. 그는 은그릇과 은국자를 잡아채서, 그것들을 그의 배낭에 넣은 다음, 창문으로 나가 어둠 속으로 달아났다.

p.22~23 다음 날, 경찰 네 명이 주교의 집으로 왔다. 그 중 세 명은 장의 멱살을 잡고 있었다. 네 번째인 경감은 주교 앞으로 와서 거수경례를 했다.

"주교님." 그가 말했다.

"아! 당신이로군요! 다시 만나서 다행이로소이다. 그런데 내가 은촛대도 줬건만, 왜 그것은 가져가지 않았소?" 주교는 장에게 말했다.

장은 놀라서 믿을 수 없다는 듯이 주교를 바라보았다. 주교는 그의 죄를 용서해주었을 뿐만 아니라 그의 귀중한 은촛대도 주려 하는 것이다.

경감이 물었다. "각하, 이 자를 아십니까? 수상쩍어 보여서 멈춰 세웠습니다. 배낭에 은식기가 가득하기에 체포했는데, 저희는 훔쳤을 거라고 생각했습니다만."

"실수를 하신 겁니다. 이 분을 풀어 주세요." 주교가 말했다.

경찰은 장을 풀어주고 가버렸다.

"친구여, 이 은촛대도 가져가시오." 주교는 조용히 장에게 말했다.

두려움에 부들부들 떨며, 장은 배낭에 은촛대를 넣었다.

주교는 말을 이었다. "이 은촛대로 난 당신의 영혼을 사서 하느님께 바쳤소. 이 재물을 당신이 정직한 사람이 되는 데 현명하게 쓰시오."

p.24~25 그날 온종일, 장은 인적이 드문 벌판을 헤맸다. 그는 여러 가지 새로운 기분에 사로잡혔다. 교도소에서 보낸 세월의 기억들이 그의 머릿속에 떠올라 분노에 사로잡혔다. 왜 하느님은 그에게 그토록 힘겨운 삶을 주었을까? 동시에 그는 19년 동안 알지 못했던 친절을 느꼈다.

해질 녘, 장이 덤불 그늘에 앉아 있자, 한 소년이 동전을 위로 던져 올리며 지나갔다. 소년이 동전을 놓쳤는데 그것이 장 쪽으로 굴러갔다. 생각도 하지 않고, 장은 그 위에 발을 얹었다.

"아저씨, 제 프랑 동전이 아저씨 발 아래 있어요. 저에게 주세요." 소년이 말했다.

"냉큼 꺼져!" 장이 고함을 질렀다.

두려워하는 눈빛이 소년의 눈에 나타났다. 장이 다시 소년에게 소리치기 시작하자 소년은 몸을 돌려 달아났다. 잠시 후 장은 그가 한 일을 깨달았다.

"오, 맙소사! 난 괴물이야. 어린 아이에게서 훔치다니!" 그는 외쳤다.

그는 소년이 달아난 방향으로 갔다. 그는 소년을 찾으며 하느님에게 용서를 빌었지만 소년은 가버리고 없었다. 장은 주저앉아 오랫동안 통곡을 했다. 그는 주교가 그에게 했던 말을 떠올렸다. 그는 주교처럼 될 것이고 선한 행동으로 그의 인생을 채우리라고 하느님에게 맹세했다. 난생 처음으로 장은 진정한 자유를 느꼈다.

## 2장 | 시장의 비밀

p.28~29 1815년 12월, 몽트뢰이유 쉬르 메르에 한 외지인이 도착했다. 그는 시청에 불이 난 바로 그때 들어선 것이다. 그 남자는 불길 속으로 뛰어들어 안에 갇혀 있는 두 아이를 구해냈다. 그토록 용감한 행동을 한 뒤에 어느 누구도 그에게 신분증을 요구하지 않았다. 그는 모두에게 자신의 이름이 마들렌느라고 말했다.

그는 흑유리 보석 제조로 유명한 그 마을에 정착했다. 곧 그는 보석을 더 싸게 만드는 방법을 고안했다. 그는 큰 공장을 열고 정직하고 열심히 일하고자 하는 사람은 누구나 고용했다. 그는 학교를 짓고 자신의 집에 가난한 사람들을 위한 작은 병원을 마련했다. 그는 친절함과 정직함으로 인해 그 지방 곳곳에서 존경 받았다.

몽트뢰이유 쉬르 메르가 더욱 번영하자 1820년 왕은 마들렌느를 시장으로 임명했다.

p.30~31 어느 날 아침, 마들렌느는 길에서 짐마차 밑에 늙은 짐마차꾼이 갇힌 것을 보았다. 말은 다리가 부러져서 일어나지 못했다.

"짐마차가 짐마차꾼을 내리누르면서 진흙 안으로 점점 빠져들고 있소. 짐마차꾼이 죽겠소. 짐마차를 들어 올리려는 사람에게는 누구라도 돈을 지불하리다." 마들렌느가 외쳤다.

아무도 도와주러 나서지 않았다.

군중 속에서 자베르 경감이 외쳤다. "아무도 그 정도로 힘이 세지는 못합니다. 사실 저도 그렇게 할 수 있는 사람은 딱 한 명만 알고 있지요. 그는 툴롱의 죄수였어요."

마들렌느의 얼굴은 창백해지고 주먹은 꽉 쥐어졌다. 그는 자베르의 험악한 눈초리와 마주치고는 슬픈 미소를 지었다. 잠시 후 마들렌느는 짐마차 아래로 기어가서 온 힘을 다해 밀었다. 짐마차가 흔들리기 시작하더니 천천히 들어 올려졌다. 남자들이 달려와서 짐마차꾼 포슐르방을 끌어당겨 빠져나오게 했다.

"그를 병원으로 데려가시오. 내 생각엔 다리가 부러진 것 같소." 마들렌느가 말했다.

장은 걸어가면서 등으로 자베르의 눈초리를 느꼈다.

p.32~33 그때부터, 자베르는 마들렌느를 전보다 더욱 면밀히 감시했다. 마들렌느는 자베르를 피할 수 있을 때마다 그렇게 했다. 하지만 그것도 자베르가 팡띤느라는 이름의 가련한 여인을 체포한 어느 추운 겨울 저녁에 바뀌게 되었다. 그녀는 아무 이유 없이 한 신사를 폭행했다고 고소를 당했다. 하지만 사실은 팡띤느가 너무 화가 나서 그 남자를 때리기에 이를 때까지 그 남자가 팡띤느를 모욕했던 것이다. 마들렌느는 그때 지나가다가 싸움을 목격했다. 그는 사건의 경위를 설명하기 위해 경찰서로 갔다.

그가 도착하자, 필사적으로 자비를 구하고 있는 팡띤느가 눈에 들어왔다.

"제발 저를 감옥에 가두지 마세요! 저는 몸이 아프고 게다가 돌봐야 할 아이도 있답니다." 그녀는 울부짖었다.

마들렌느는 침착하게 자베르에게 말했다. "그녀를 석방하시오. 그녀는 결백합니다."

"이 여자는 점잖은 남자를 폭행했습니다." 자베르는 냉정하게 말했다.

"내가 모든 것을 봤소. 이 여인이 잘못한 것이 아니오. 당장 그녀를 석방하시오."

"반대해서 죄송합니다만, 전…"

"난 시장이오. 그리고 내가 그녀는 결백

하다고 하잖소. 이제, 나가시오!" 마들렌느가 말했다.

"좋습니다." 자베르는 꽉 다문 이빨 사이로 말했다.

팡띤느는 무릎을 꿇고 마들렌느의 손에 입맞추며 기절했다.

p.34~35 다음 날 아침, 마들렌느는 병원에 있는 팡띤느의 침대 곁에 있었다. 정오가 되어서야 그녀는 깨어나서 그에게 말을 했다. 마들렌느는 그녀가 겪은 모든 일들을 듣고 충격을 받았다. 그녀는 미혼모라는 것이 밝혀져서 마들렌느의 공장에서 해고되었던 것이다. 그때부터 팡띤느는 거리의 여자로 살아왔다.

"이제 당신의 고생은 끝났소." 마들렌느는 말했다.

"제 딸이 여기 있다면 좋을 텐데요. 전 그 아이를 몽페르메이유에 사는 떼나르디에 부부에게 맡겼어요. 제가 미혼모라는 것을 알았다면 누구도 저를 고용하려 하지 않았을 거예요. 제가 공장에서 일을 하는 동안에는 떼나르디에 부부에게 매달 돈을 부쳤어요. 하지만 일자리를 잃어서 그 부부에게 돈을 보내기 위해 앞니 두 개와 머리카락을 팔았답니다. 제가 돈을 보내지 않으면 그 부부는 우리 코제뜨를 거리로 내쫓을 거예요." 팡띤느가 말했다.

팡띤느가 너무 창백하고 아파 보여서 마들렌느의 마음은 연민으로 가득 찼다.

"걱정 마시오. 내가 전부 알아서 처리하겠소." 그는 말했다.

p.36~37 그는 떼나르디에 부부에게 편지를 쓰고 300 프랑을 동봉했다. 마들렌느는 그들에게 꼬제뜨를 몽트뢰이유 쉬르 메르로 보내 달라고 요청했다.

떼나르디에는 편지를 받고 몹시 놀랐다.

"이 애를 데리고 있읍시다. 어떤 남자가 애 엄마한테 홀딱 반했군. 우리가 요구하는 건 뭐든 지불할 거야." 그는 아내에게 말했다.

떼나르디에는 마들렌느에게 500 프랑에 대한 청구서를 보냈다. 그는 의사의 왕진과 꼬제뜨의 약값 청구서 목록을 작성했다. 하지만 꼬제뜨는 전혀 아프지 않았다. 떼나르디에는 청구서 밑에 '300 프랑은 영수하였음'이라고 썼다.

마들렌느는 300 프랑을 더 보내고 그들에게 꼬제뜨를 즉시 몽트뢰이유 쉬르 메르로 데려오라고 다시 요청했다.

"우리 이 애를 좀 더 오래 데리고 있어야겠어." 떼나르디에는 아내에게 말했다.

그동안에 팡띤느의 건강 상태는 악화되었고 의사는 그녀가 곧 죽을 것이라고 말했다. 마들렌느는 꼬제뜨를 데려오기 위해 몽페르메이유로 직접 가기로 결심했다. 그는 편지를 쓰고 팡띤느는 거기에 사인을 했다.

*몽트뢰이유 쉬르 메르*
*1823년 3월 25일*

*떼나르디에 씨,*
*이 편지를 가지고 가는 사람에게 꼬제뜨를 넘겨주세요.*

*경의를 표하며,*
*팡띤느*

p.38~39 다음 날, 자베르의 방문을 받고 마들렌느의 계획이 바뀌었다.

"전 규정을 어겼습니다. 저를 경찰직에서 해고해 주세요." 자베르는 말했다.

"왜죠? 무슨 일을 저질렀는데요?" 마들렌느가 말했다.

"전 팡띤느의 일로 당신에게 화가 났습니다. 그래서 파리에 있는 경찰국장에게 당신을 신고했습니다."

"당신한테서 죄수를 빼앗았다고 신고했단 말이오?"

"아닙니다. 전 경찰국장에게 당신이 지명 수배된 장 발장이라는 죄수라고 말했습니다."

마들렌느의 얼굴은 계속 무표정했다.

자베르는 계속해서 말했다. "전 장 발장을 20년 전 뚤롱의 간수로 있을 때 알았습니다. 그는 당신처럼 약간 절룩거리며 걷는 건장한 남자였습니다. 그는 어느 주교의 물건을 훔치고 어느 소년의 돈을 강탈했어요. 그는 8년 전에 사라졌습니다. 그때가 바로 당신이 이 마을에 온 때예요. 그 이후로 전 당신을 장 발장으로 의심해왔습니다."

"그래서 경찰국장은 뭐라고 하던가요?"

"그는 제가 미쳤다고 했습니다. 듣자 하니 장 발장은 사과를 훔쳐서 체포되었다고 합니다. 재판은 내일 아라스에 있는 법원에서 열립니다."

"알겠소. 가도 좋습니다." 마들렌느가 말했다.

자베르는 자신이 경찰직에서 해고되어야 한다고 다시 주장했지만 마들렌느는 거절했다.

**p.42~43** 다음 날, 마들렌느는 아라스의 법정에 있었다. 그는 자신으로 오인된 죄수를 바라보았다. 그 죄수는 마들렌느가 디뉴에 들어섰던 그날의 모습과 꼭 같았는데 나이만 더 들어 보였다.

'세상에! 얼마나 가엾은 사람인가! 내가 다시 저렇게 되는 것인가?'

마들렌느는 누가 그를 알아볼까 봐 두려워하며 의자에 앉았다. 뚈롱에서 온 세 명의 죄수가 법정으로 불려왔다. 재판장은 세 명의 죄수 각각에게 그 죄수를 알아보겠는지 물어보았다. 그들 모두 그 죄수가 장 발장이 틀림없다고 대답했다.

갑자기 누군가 외쳤다. "그 죄수를 풀어주시오! 내가 장 발장이오!"

재판장, 지방 검사, 그리고 다른 사람들은 누가 말했는지 보기 위해 돌아보았다. 누가 말릴 틈도 없이 마들렌느는 죄수들을 향해서 걸어갔다.

지방 검사는 그를 알아보고 배심원단에게 말했다.

"이 분은 몽트뢰이유 쉬르 메르의 시장 마들렌느 씨입니다. 우리 모두 이분의 선행에 대해 들어왔습니다. 그런데 그가 정신이 나간 것 같군요. 의사를 부르시오."

"의사는 필요 없습니다. 전 미치지 않았어요. 제가 장 발장입니다." 그들이 마들렌느라고 알고 있는 남자가 말했다.

**p.44~45** 장은 죄수들 쪽으로 몸을 올린 뒤 말을 이었다. "부르베, 당신은 교도소에서 체크 무늬 멜빵을 입었지. 그리고 슈닐디외, 당신은 왼쪽 어깨에 화상 자국이 있소. 꼬슈빠유, 당신은 팔꿈치에 1815년 3월 1일이라는 문신이 새겨져 있지! 그것들을 우리에게 보여주시오."

사람들은 슈닐디외가 그의 흉터를, 꼬슈빠유가 팔꿈치에 날짜를 보여줄 때 숨이 막힐 정도로 놀랐다.

"아시겠죠? 오직 장 발장만이 이런 것들을 알 수 있을 겁니다."
장은 슬프게 미소를 지으며 말했다.

모두들 낯선 이의 목숨을 구하기 위해 자백한 이 남자에 대해 감탄했다.

"지방 검사는 언제든지 원할 때 저를 체포해도 좋습니다. 몽트뢰이유 쉬르 메르에 오면 나를 찾을 수 있을 겁니다." 장이 말했다.

그는 문 쪽으로 갔지만 누구도 그를 막지 않았다.

p.46~47 다음 날 아침, 팡띤느가 평화롭게 자고 있을 때 장은 곁에 앉아 있었다.

"팡띤느의 상태가 어떤가요?" 그는 수녀에게 물었다.

"시장님이 딸을 데려온다고 생각하고 있어서 오늘은 좀 나아졌어요. 뭐라고 말씀하실 작정이세요?" 수녀가 말했다.

"하느님께서 영감을 주실 거예요." 그가 말했다.

팡띤느가 눈을 떴을 때 장에게 미소를 지었다.

"오셨군요! 우리 꼬제뜨는 어디 있나요?" 그녀가 말했다.

갑자기 팡띤느가 장의 뒤의 무언가를 응시하더니 겁에 질려 눈이 커졌다. 자베르였다!

"마들렌느 씨, 살려주세요!" 팡띤느가 외쳤다.

"진정하시오. 그는 당신을 잡으러 온 것이 아닙니다." 장은 침착하게 말했다.

장은 자베르에게 다가가서 조용히 말했다. "당신이 원하는 게 뭔지 알고 있소만 팡띤느의 딸을 데려올 수 있도록 삼 일만 시간을 주시오. 원한다면 나와 같이 가도 좋소이다."

"꼬제뜨! 그 아이가 여기에 있는 것이 아닌가요? 어디에 있는데요? 내 딸이 어디에 있어요?" 팡띤느가 울부짖었다.

"조용히 해! 이자는 장 발장이라는 이름의 죄수다! 그리고 마침내 내가 잡았지!" 자베르가 소리쳤다.

팡띤느는 숨이 가쁘게 기침을 하기 시작했다. 그녀는 말을 하려는 듯 입을 열더니 갑자기 베개 위에 뒤로 쓰러졌다. 그녀의 두 눈이 천장을 멍하니 보았다. 팡띤느는 죽은 것이었다.

"자베르, 당신이 이 여인을 죽였소!" 장이 소리쳤다.

장은 팡띤느의 두 눈을 감겨주고 모자 아래로 머리를 매만져 주었다.

"이젠 날 체포해도 좋소." 그는 자베르에게 말했다.

p.48~49 자베르는 장을 시립 교도소에 집어넣었다. 사람들이 그의 체포 소식을 들었을 때 대부분은 그들의 시장에게 등을 돌렸다.

사람들은 말했다. "완벽해 보이더니 우리가 잘못 생각했어. 그 사람은 분명 정직하지 않았어."

마을에서는 그의 가정부를 포함해서 단 서너 명만이 신의를 지켰다.

그날 저녁, 가정부가 그녀의 방에서 슬퍼하며 앉아 있을 때 방문이 열렸다. 그녀는 낯익은 모습이 거기에 서 있는 것을 보았다.

"시장님. 제 생각으로는 시장님이 계신 곳이…" 그녀가 외쳤다.

"감옥 안이요. 그랬죠. 탈출했어요." 그가 말했다.

그는 빠르게 금고를 열고 은촛대를 꺼냈다. 그는 그것들을 조심스럽게 천 꾸러미에 넣었다. 그러고 나서 쪽지를 썼다.

*내가 남긴 것을 모두 파시오. 팡띤느의 장례식 비용을 지불하고 나머지는 가난한 사람들에게 나눠 주시오.*

*마들렌느*

"이것을 제 사업 책임자에게 주세요." 그는 가정부에게 쪽지를 주며 말했다.

장은 파리로 도망가서 은행에 있는 그의 돈을 모두 인출했다. 그는 마을 외곽 어느 장소에 은촛대와 함께 돈을 묻었다. 하루 뒤, 그는 다시 체포되어 뚤롱 감옥에서의 종신형을 선고 받았다.

p.50~51 그 해 말, 뚤롱에 있는 항구에서 배가 수리되고 있었다. 선원들은 여러 돛 중 돛대 위 높은 곳에서 일을 하고 있었다. 갑자기, 돛대 꼭대기에 있는 사람들 중 한 명이 중심을 잃었다. 그가 떨어지면서 밧줄을 잡았고 거기에 매달렸다. 밧줄은 심하게 흔들리고 있었다.

구경꾼들은 한 남자가 재빠르게 삭구로 기어올라가는 것을 보았다. 그는 종신형 죄수들의 옷과 모자를 착용하고 있었다. 그는 젊은이가 아니었다!

그는 마침내 선원이 있는 곳으로 가서 그를 안전한 곳으로 끌어냈다. 그러고 나서 그는 갑자기 비틀거리더니 떨어졌다. 그가 물 속으로 사라지면서 크게 물이 튀었다. 용감한 죄수를 찾기 위한 수색이 해질 녘까지 계속되었지만 그는 발견되지 않았다. 다음날 뚤롱 신문에 짧은 안내문이 실렸다.

*1823년 11월 17일.*

*어제, 한 죄수가 배에서 바다로 떨어져 익사했다. 그는 젊은 선원을 구하려고 죽음을 무릅썼다. 그의 시체는 발견되지 않았다. 그의 이름은 장 발장이다.*

p.52~53 장은 배에서 떨어져 죽지 않았다. 그는 팡띤느와의 약속을 지키기 위해 탈출했던 것이다.

일주일 뒤, 그는 몽페르메이유를 향해 숲을 걸어가고 있었다. 추운 겨울밤이었다. 달빛 속에서 한 어린 소녀가 무거운 양동이 하나를 들고 가는 것이 보였다. 소녀는 해어진 옷을 입고 맨 다리가 드러난 채 핼쑥했다.

"맙소사! 너무 무거워!" 소녀가 외쳤다.

장은 소녀에게 가까이 다가가서 양동이를 잡았다.

"내가 들어주마. 이건 네가 들기에는 너무 무겁구나. 물을 길어다 주시는 엄마가 없니?" 장이 말했다.

"아뇨. 제 생각에는… 제겐 엄마가 있었던 적이 없어요." 소녀가 말했다.

"얘야, 네 이름이 뭐니?"

"꼬제뜨예요."

그는 마치 벼락을 맞은 것처럼 느껴졌다. 그는 갑자기 걸음을 멈추더니 소녀를 보았다. 그러고는 소녀 곁에 무릎을 꿇었다.

"이런 밤 시간에 물을 길어 오라고 보낸 사람이 누구니?"

"떼나르디에 부인이요. 여관을 하세요."

"여관? 그렇다면, 오늘밤 거기서 묵어야겠구나. 나에게 길을 안내하렴." 장이 말했다.

p.54~55 장이 여관에 들어서자 떼나르디에 부인은 그의 초라한 옷을 주목했다.

"아! 빈 방이 없습니다." 그녀가 말했다.

"그럼 마구간에서 자겠소. 비용이 얼마지요?" 장이 말했다.

"40수예요." 그녀가 말했다.

장은 가격이 너무 비싸다는 것을 알았지만 동의했다. 그가 탁자에 앉자 꼬제뜨는 그 앞에 포도주 한 병을 놓았다. 그러고는 부엌 탁자 밑에 앉아서 뜨개질을 시작했다.

"아이가 만들고 있는 것이 뭡니까?" 장이 물었다.

"제 어린 딸들이 신을 양말이에요." 그녀가 말했다.

장은 꼬제뜨의 작고 차가운 발을 바라보았다.

"내가 그 양말 한 켤레를 5프랑에 사겠소. 아이를 놀게 하시죠." 그가 말했다.

"정말이에요? 저 놀아도 돼요?" 꼬제뜨가 물었다.

"놀아라!" 여인은 화를 내며 말했다.

꼬제뜨는 탁자 밑에 그대로 있으면서 나무와 헝겊 조각들을 가지고 놀았다. 떼나르디에의 두 딸들은 난롯가에서 인형 놀이를 했다.

p.56~57 장은 꼬제뜨가 안쓰럽게 여겨져서 여관을 나와 근처 상점으로 갔다. 몇 분 후, 그는 예쁜 인형을 가지고 돌아왔다. 그 인형은 바로 마을의 모든 소녀들이 갖고 싶어했던 것이었다. 그는 꼬제뜨에게 인형을 주었고 꼬제뜨의 얼굴이 태양처럼 환해지는 것을 보았다. 떼나르디에의 딸들은 꼬제뜨를 부러운 듯이 바라보았고 떼나르디에 부인의 얼굴은 몹시 화가 나 있었다.

그녀는 남편에게 투덜댔다. "그 남자는 거지 같은 옷차림을 하고는 그 아이에게 비싼 인형을 사주네요. 어떤 부류의 사람이 저렇게 한담?"

"난 누더기 차림을 한 백만장자를 본 적이 있어. 그가 원하는 것은 뭐든지 주도록 해." 그녀의 남편이 말했다.

나중에, 놀랍게도 장은 편하게 잘 수 있는 방을 안내 받았다.

p.58~59 다음 날 아침, 장은 대금을 지불했다. 터무니없이 비쌌지만 불평하지 않았다.

"사업은 잘 되시나요?" 그는 떼나르디에 부인에게 물었다.

"아주 힘든 시기예요! 그리고 꼬제뜨를 돌보는 데 돈이 무척 많이 들어요. 그 아이는 밥값을 하기 위해 일을 해야 합니다." 그녀가 말했다.

"그럼 댁의 아이가 아닙니까?"

"아니에요. 그 애 엄마가 여기 두고 갔는데 우린 부자가 아니라서 힘들죠. 애 엄마에게서 여섯 달이나 소식을 듣지 못했어요. 아무래도 죽었나 봐요."

"내가 그 아이를 데려간다면 어떻겠소?"

"아, 네! 제발 데려가세요. 꼬제뜨!" 그녀가 불렀다.

아이는 방으로 뛰어 들어왔다. 장은 보따리에서 검은 원피스, 검은 양말과 검은 신발을 꺼내서 꼬제뜨에게 입으라고 말했다. 꼬제뜨가 옷을 다 입자 장은 아이의 손을 잡고 여관을 떠났다. 떼나르디에는 이들을 따라왔다.

"전 허락 못합니다. 우린 꼬제뜨를 사랑해요. 하지만… 만약 당신이 1,500프랑을 가지고 있다면…"

떼나르디에가 말했다.

장은 지갑에서 세 장의 지폐와 팡띤느의 편지를 꺼냈다. 그는 떼나르디에에게 그것들을 주었다.

"편지를 읽어 보시오." 장이 말하자 떼나르디에는 편지를 읽었다.

"이 서명을 아시오?" 장이 물었다.

"그렇소." 떼나르디에가 말했다.

장과 꼬제뜨는 파리를 향해서 출발했다.

## 4장 | 도망가는 두 사람

p.62~63 파리에서, 장과 꼬제뜨는 가장 가난한 지역 근처에 있는 집의 아파트를 빌렸다. 집주인 아주머니 외에는 그 집에 아무도 살고 있지 않았다. 장은 꼬제뜨에게 읽기를 가르치고 대부분은 놀게 두었다. 일요일마다 둘은 예배를 다녔다. 꼬제뜨는 장을 사랑하기 시작했고, 장은 꼬제뜨를 깊이 사랑했다. 둘은 부녀지간 같았다.

장은 가난한 사람처럼 옷차림을 해서 사람들이 가끔 그에게 적은 액수의 동전을 주었다. 장은 머리를 깊이 숙여 돈을 받았고 그것을 진짜 거지들에게 주었다. 그는 거지에게 자선을 베푸는 거지로 알려지게 되었다.

어느 날 저녁, 그는 교회 근처에 있는 거지에게 동전 몇 개를 주었다. 그 거지는 고개를 들고 장을 노려보았다. 그들의 눈이 마주치자 거지는 재빨리 고개를 숙였다. 장은 몸서리를 쳤다. 그 거지는 자베르처럼 보였다!

그날 밤, 장은 집의 현관문이 열렸다가 닫히는 소리를 들었다. 그런 밤 시간에는 주로 현관문이 잠겨 있었다. 장은 촛불을 끄고 꼬제뜨에게 조용히 하라는 몸짓을 했다. 누군가 계단을 올라와서 장의 집 문 밖에서 멈췄다. 장은 열쇠 구멍을 통해서 빛을 볼 수 있었다. 몇 분 뒤, 빛은 사라졌다. 장은 침대에 누웠지만 잠을 이룰 수 없었다.

p.64~65 동이 틀 무렵, 장은 집의 현관문이 열리는 소리와 발자국 소리를 다시 듣게 되었다. 그가 열쇠 구멍으로 엿보자 문 앞을 지나는 한 남자가 보였다. 자베르였다!

그날 밤, 장은 밖으로 가서 조심스럽게 거리를 살펴보았다. 아무도 보이지 않았기에 그는 꼬제뜨의 손을 잡고 집을 나섰다. 둘이 길을 따라 재빨리 걸어가는 동안 장이 뒤돌아보니 네 남자가 따라오고 있었다. 그들 중엔 자베르도 있었다!

장은 도망갈 길을 찾으면서 빠르게 앞으로 걸어갔다. 그는 좁은 길로 들어섰는데 그곳이 막다른 골목인 것을 뒤늦게 알았다. 둘은 갇혀 버렸다! 그들 앞에는 18피트 높이의 담이 있었다. 뒤로는 자베르와 그의 동료들이 거리를 좁혀오고 있었다!

그는 생각했다. '난 벽을 쉽게 올라갈 수 있지만 꼬제뜨는 못하는데. 밧줄이 필요해. 하지만 어디에…?'

그러다 그는 기억이 났다! 파리의 등은 밧줄로 올려지고 내려졌다. 그는 가장 가까운 등 쪽으로 달렸다. 잠시 후, 장은 다시 한번 꼬제뜨의 곁으로 왔다. 그는 자신의 스카프를 꼬제뜨의 가슴에 고리 모양으로 두르고 밧줄을 스카프 끝에 묶었다.

"겁먹지 마라." 장이 말했다.

잠시 후, 그는 벽 위에 올라가 있었다. 그는 꼬제뜨를 자신 곁으로 끌어올린 후 등에 업었다. 장은 건물의 지붕을 향해 벽 위를 따라 기어갔다. 지붕은 벽의 반대편 나무 옆에 있었다.

바로 그때, 장은 달려오는 발자국 소리와 자베르가 외치는 소리를 들었다. "막다른 골목을 수색해! 그자를 찾아!"

"꽉 잡아라." 장은 꼬제뜨에게 속삭였다.

그는 재빨리 지붕을 미끄러져 나무 쪽으로 내려가서 땅바닥까지 내려갔다.

p.66~67 장이 땅바닥에 내려왔을 때, 한 노인이 정원을 가로질러 절룩거리며 오는 것이 보였다.

장은 그에게 다가가서 말했다. "자, 100프랑이오. 오늘 밤 묵도록 해 주시오."

"마들렌느 씨? 당신이세요?" 노인이 말했다.

"당신은 누구요?" 장은 놀라서 물었다.

"전 포슐르방입니다." 노인이 말했다.

장은 몽트뢰이유 쉬르 메르에서 있었던 사고가 기억났다. 포슐르방의 다리가 부러지고 그의 말이 죽었다. 그래서 장이 그에게 파리의 수녀원에 일자리를 구해 주었다.

"그럼, 여기가 그 수녀원이오?" 장이 물었다.

"그렇습니다. 그런데 어떻게 들어오셨어요?" 노인이 말했다.

"그것은 중요하지 않소. 난 여기 머물러야 하오." 장이 말했다.

다음 날, 장과 꼬제뜨는 수녀원장에게 소개되었고 수녀원에서 지내도록 허락을 받

았다. 장은 정원사로 일했고 꼬제뜨는 수녀원에서 운영하는 학교에 다니게 되었다.

몇 년간, 그들은 아주 안전하고 만족스러웠다. 하지만 꼬제뜨가 학교를 졸업했을 때 장은 사회로 돌아갈 때가 되었다고 결심했다. 둘은 안전할 것이었다. 장은 더 늙었고, 꼬제뜨는 이제 아름다운 젊은 아가씨가 되어 있었다. 누가 둘을 알아볼 수 있겠는가?

p.68~69 장은 쁠뤼메 거리에 작은 집을 빌렸다. 그 집은 가까운 이웃이 없어 아주 조용히 지낼 수 있었다. 아무도 두 사람에 대해 이런저런 이야기를 할 수 없었다. 장은 파리에 집을 두 채 더 빌려서 그와 꼬제뜨가 혹시나 필요하다면 숨을 곳이 있도록 했다.

매일, 장과 꼬제뜨는 뤽상부르 공원에서 산책을 했다. 둘은 항상 조용한 길에 있는 같은 벤치에 앉았다. 어느 날, 장은 한 잘생긴 청년이 그들을 지켜보는 것을 눈치챘다. 젊은이는 꼬제뜨에게 관심이 있는 듯 보였다. 꼬제뜨도 그 젊은이에게 관심이 있는 것 같았다. 장은 그것이 마음에 들지 않았다.

둘은 파리에 있는 다른 집으로 이사를 가서는 산책 나가는 것을 중단했다. 둘은 당분간은 다시 안전하게 되었다.

p.70~71 늘 그렇듯이, 장은 가난하고 비참한 사람들을 도왔다. 그들이 도움을 요청하기만 하면 장은 그가 줄 수 있는 것은 무엇이든지 주었다.

어느 일요일, 장이 교회에 있을 때, 한 여인이 '피 파방뚜' 라는 사인이 있는 편지를 주었다. 파방뚜는 자신이 절실하게 돈이 필요하며 장에게 자신의 아파트로 와 달라고 썼다. 그곳은 자베르에게 쫓기며 장과 꼬제뜨가 도망쳐 나왔던 아파트였다. 장은 그것에 대해 신경이 쓰였다. 위험할 수도 있지만 그는 결코 구호품이 필요한 사람을 거절한 적이 없었다.

그날 오후, 장은 꼬제뜨와 그 아파트에 도착했다. 마르고 사악한 얼굴을 한 남자가 문을 열었다. 낯이 익어 보였지만 어디서 봤는지 장은 기억할 수는 없었다.

방은 어둡고 벽난로에는 불이 없었다. 남자의 아내는 더러운 담요에 싸인 침대에 누워 있었다. 누더기를 걸친 젊은 아가씨는 침대 옆 바닥에 앉아 있었다.

'이 사람들은 진정 비참한 사람들이로군. 한때 내가 그랬듯이 이들도 버림받은 사람들이야.' 장은 생각했다.

"이것들을 받으세요. 더 필요한 게 뭡니까?" 장이 말했다.

"저희가 어떻게 사는지 아시죠. 전 집세 60프랑이 필요한데요, 그게 없다면 저흰 거리로 내쫓기게 될 거예요." 그 남자가 말했다.

"지금 제겐 5프랑뿐입니다. 하지만 집세 60프랑을 가지고 6시에 다시 오겠습니다." 장이 말했다.

p.72~73 장은 약속한 시간에 혼자 파방뚜의 아파트로 돌아왔다. 그는 탁자에 80프랑을 놓았다.

"집세와 음식을 살 돈입니다." 그는 말했다.

파방뚜는 재빨리 돈을 움켜잡았다.

"당신의 친절에 하느님의 가호가 있을 거예요."

장은 파방뚜의 아내가 문가에 서 있는 것을 보았다. 그녀는 지금은 튼튼하고 건강해 보였다. 남자 네 명이 벽에 기댄 채 어둠 속에 서 있었다. 문이 열리고 복면을 한 남자 세 명이 더 들어왔다. 한 명은 무거운 몽둥이를 지니고 다른 한 명은 도끼를 쥐고 있었다. 떼나르디에의 두 눈은 분노로 이글거렸다.

"날 모르겠어? 당신은 8년 전에 내 여관에 와서 꼬제뜨를 데려갔지. 1,500프랑을 내고 말이야. 기억해?" 그는 소리쳤다.

장은 그 남자가 떼나르디에라는 것을 알아챘다. 장은 함정에 빠진 것이다!

"아니오. 당신은 나를 다른 사람으로 혼동하고 있소." 장이 침착하게 말했다.

"흥! 알지 못하는 척해 봐야 소용없어. 내가 당신을 잡았지! 이제 당신은 꼬제뜨에게 편지를 쓸 거야. 20만 프랑을 가져오라고 해. 안 그러면 가만 두지 않겠어!"

p.74~75 바로 그때, 방으로 둥글게 뭉쳐진 종이 하나가 던져졌다.

"이것을 봐요!" 떼나르디에의 부인이 종이를 내밀면서 소리쳤다.

"이게 어디서 왔지?" 떼나르디에가 물었다.

"창문으로요." 그의 부인이 말했다.

"우리 딸이 보냈군. 경찰이 여기 와 있다고 하네. 우린 지금 떠나는 게 좋겠어." 떼나르디에가 말했다.

다른 사람들이 쪽지를 읽는 사이에 장은 창문을 통해 빠져나갔다.

딸이 쪽지를 던졌다는 떼나르디에의 생각은 틀렸다. 쪽지를 던진 사람은 뤽상부르 공원의 청년 마리우스였다. 그는 떼나르디에의 옆 아파트에 살고 있었다. 장과 꼬제뜨는 아파트에 왔을 때 그를 보지 못했지만, 그는 두 사람을 보았다. 그리고 뒤에, 떼나르디에 부부가 장을 함정에 빠뜨리려는 계획을 세우는 동안 그가 엿듣고 있었던 것이다.

그날 저녁, 마리우스는 벽에 난 구멍을 통해서 계속 보고 있었다. 마리우스는 장이 위험에 처한 것을 보고는 장을 구해야만 한다는 것을 알았다. 그는 재빨리 쪽지를 써서 방으로 던져 넣었다. 속임수는 효과가 있었다!

장은 떼나르디에 부부와 만난 후로 집을 거의 떠나지 않았다. 그리고 집에서 나가야 할 때는 밤에 변장을 하고 나갔다. 그는 꼬제뜨에게 집에 머물면서 정원에서 시간을 보내도록 권했다.

## 5장 | 사랑과 혁명

p.78~79 어느 날 저녁, 꼬제뜨는 따스한 산들바람을 즐기며 정원에 앉아 있었다. 갑자기, 그녀는 혼자가 아니라는 느낌이 들었다. 그녀가 고개를 돌리자 마리우스가 보였다. 그녀는 어지러움을 느끼며 일어섰다.

마리우스가 말했다. "안녕하세요. 저를 기억하세요? 당신을 찾기까지 여기저기 찾아 다녔어요. 밤마다, 당신 곁에 있고 싶어서 이리로 온답니다. 당신을 흠모합니다."

"아!"가 그녀가 내뱉은 말 전부였다.

꼬제뜨는 거의 기절할 지경이었으므로 마리우스는 재빨리 그녀를 품에 안았다.

"제가 당신을 불편하게 하나요?" 마리우스가 물었다.

"아뇨." 꼬제뜨는 이렇게 말하고는 얼굴을 붉혔다.

그녀는 사랑이 담긴 눈으로 마리우스의 얼굴을 들여다 보았다.

마리우스는 그녀를 꼭 안고 말했다. "그럼, 당신도 날 사랑하나요?"

"네." 꼬제뜨가 속삭였다.

둘은 입을 맞추었다. 둘은 벤치에 앉아서 이야기를 나누기 시작했다.

"이름이 뭐예요?" 꼬제뜨가 물었다.

"제 이름은 마리우스예요. 당신은요?" 그가 말했다.

"제 이름은 꼬제뜨랍니다." 그녀가 말했다.

그 후로 매일 밤 마리우스는 그 정원으로 왔다.

p.80~81 어느 날 밤, 장은 충격적인 사실을 알아냈다. 떼나르디에 부부가 근처에 살고 있었던 것이다! 그는 집으로 가서 꼬제뜨에게 멀리 이사 갈 것이라고 말했다. 마리우스가 다음에 꼬제뜨를 만나러 왔을 때 그녀는 울고 있었다.

"내 사랑, 무슨 일인가요?" 그가 물었다.

"아버지와 전 영국으로 갈 거예요." 그녀가 말했다.

"나를 떠나면 안 돼요. 그러면 나는 죽어요." 그가 말했다.

다음 날 저녁, 마리우스는 4년 만에 처음으로 할아버지를 방문했다. 그의 할아버지는 왕당파였는데, 마리우스의 아버지가 나폴레옹을 위해 싸웠기 때문에 그를 미워했다. 마리우스의 어머니가 분만 중에 세상을 뜨자 그의 할아버지는 마리우스를 아버지로부터 떼어 놓았다. 노인은 마리우스에게 그의 아버지가 나쁜 사람이라고 말했고 마리우스는 할아버지의 말을 믿었다.

p.82~83 마리우스가 17세가 되었을 때 그는 아버지의 임종에 부름을 받았다. 그는 아버지가 사실은 용감한 군인이자 친절한 사람이었음을 알고 충격을 받았다. 그는 할아버지가 자신의 아버지에 대해 거짓말을 했다고 비난했고 둘은 심하게 다투었다.

마리우스는 집을 떠나 다시는 돌아오지 않았다. 그는 열심히 공부해서 변호사가 되었지만 돈은 적게 벌었다. 몇 번이나 할아버지가 마리우스에게 돈을 보냈지만 그는 받기를 거절했다. 이제, 꼬제뜨에 대한 사랑 때문에 마리우스는 다시 할아버지를 만나야만 했다.

"왜 왔니? 내게 사죄를 하려고 온 거냐?" 마리우스의 할아버지는 차갑게 말했다.

"아닙니다, 할아버님. 전 결혼 승낙을 받으려고 왔어요." 마리우스가 말했다.

"누구랑 결혼을 한단 말이냐? 그 아가씨는 부유하냐?" 할아버지가 말했다.

"아뇨. 하지만 전 그녀를 사랑해요. 그녀의 아버지는 우리에 대해서 알지 못하시고 그들은 영국으로 이사를 가려고 합니다. 전 그녀와 함께 있기 위해서 결혼을 해야만 해요." 마리우스가 말했다.

"그 아가씨가 자신의 아버지가 모르게 너를 만난다면 점잖은 아가씨는 아니로구나. 넌 결코 그 아가씨와의 결혼 승낙을 받을 수 없을 것이다." 노인은 말했다.

마리우스는 거의 희망이 없는 채로 할아버지의 집으로 들어가서는 아무런 희망도 없이 그곳을 나왔다. 몇 시간 동안, 마리우스는 무력하고 절망적인 심정으로 거리를 헤매었다. 새벽 녘, 마리우스는 친구 꾸르페락의 아파트로 갔다.

p.84~85 때는 1832년이었고 파리의 가난한 사람들은 굶주림과 질병으로 죽어가고 있었다. 그들은 정부에 대항해서 의견을 말하기 시작했고 혁명에 대한 이야기가 많아지기 시작했다. 사람들의 영웅은 라마르크 장군이었고 그들은 장군을 사랑했다. 그는 사람들에게 관심을 갖는 것 같은 유일한 정부 관료였다. 그러나 이틀 전 그는 가난한 사람들의 목숨을 앗아간 바로 그 질병으로 죽었고 사람들은 희망을 잃어 버렸다.

꾸르페락은 학생 혁명가들 무리의 지도자들 중 한 명이었다. 오늘, 라마르크 장군의 장례식 후에 그들은 무력 혁명을 일으킬 예정이었다. 비탄에 잠겨, 그리고 살아야 할 이유도 없는 가운데 마리우스는 그들과 함께하기로 결심했다.

라마르크의 장례식에서 총이 발사되었고 폭동이 시작되었다. 사람들은 뿌리째 뽑힌 나무와 마차, 포장용 돌, 가구로 거리에 바리케이드를 쳤다.

꾸르페락이 이끄는 무리는 샹브르리 거리에 바리케이드를 쳤다. 거리 끝에 있는 포도주 전문 술집이 그들의 본부였다. 마리우스는 총 두 자루로 무장을 한 채, 바리케이드로 향했다.

p.86~87 그날 저녁, 장은 문을 두드리는 소리를 들었다. 장이 문을 열었을 때 한 소년이 그에게 편지를 주었다.

"꼬제뜨 양 앞으로 온 겁니다. 마리우스가 보냈어요. 그는 샹브르리 거리의 바리케이드에 있어요." 소년은 말했다.

장은 편지를 열었다.

*피유 뒤 깔베르 거리 6번지*

*내 사랑,*

*할아버지께서 우리의 결혼에 동의하지 않아서 난 혁명에 가담하러 갑니다. 당신을 생각하며 죽겠습니다. 저를 기억해 주세요. 당신을 사랑합니다.*

*마리우스*

마리우스의 글을 읽으며 장은 손이 떨렸다. 그는 꼬제뜨가 몰래 마리우스를 만나고 있었음을 깨달았다. 잠시 동안, 장은 꼬제뜨가 자신에게 거짓말을 했다는 것에 화가 났다. 그러고 나서, 장은 한 순간의 기쁨과 위안을 느꼈다. 그 청년은 혁명을 위해 죽기로 결심했다. 그러니까 이로서 다 끝이다. 하지만 안 돼! 마리우스는 아직 살아있고 꼬제뜨는 그를 사랑했다.

'내가 가만히 있으면서 아무것도 하지 않아도 될까? 아냐, 뭔가를 해야만 해.'

한 시간 뒤, 장은 장전한 총과 탄약통 한 상자를 가지고 집을 나섰다. 그는 샹브르리 거리로 향했다.

장은 새벽에 바리케이드에 도착했다. 혁명가들은 왕의 군사들이 오기를 기다리고 있었다. 그들은 탈출구가 없다는 것을 알았지만 기꺼이 싸우며 죽으려고 했다.

p.88~89 장은 술집의 지하 저장고로 들어갔다. 그는 자베르 경감이 기둥에 묶여 있는 것을 보고 놀랐다. 듣자 하니, 자베르는 혁명가들을 염탐하기 위해 혁명가들 중 하나인 척 했다는 것이다. 하지만 발각되어서 도망가기도 전에 붙잡히고 말았던 것이다.

지하 저장고 안에서 혁명가들의 지도자가 명령을 내리고 있었다.

"처자식이 있는 남자들은 집으로 가시오! 나머지는 바리케이드로 갑니다. 이 지하 저장고를 마지막으로 나가는 사람이 경찰 스파이를 총으로 쏠 것이오." 그가 말했다.

"내가 하겠소." 장이 말했다.

사람들이 바깥의 바리케이드로 몰려 나가자, 장과 자베르 둘만 남았다. 장은 자베르를 붙잡고 술집 뒤에 있는 골목길로 끌고 갔다. 그는 주머니에서 칼을 꺼냈다.

"그렇지." 자베르가 씁쓸하게 말했다. "나의 가슴을 찔러 죽여라! 그게 네 방식이잖아."

장은 자베르 손목의 밧줄을 끊고 말했다. "가도 좋소."

자베르는 너무나 충격을 받아서 움직일 수가 없었다.

장은 계속 말했다. "내가 혁명에서 살아 남는다면, 당신은 롬므 아르메 거리 7번지에서 날 찾을 수 있을 거요."

"넌 날 죽였어야 했어." 자베르가 으르렁거렸다.

"여길 빠져나가!" 장이 말했다.

자베르는 코트의 단추를 채우고 어깨를 똑바로 폈다. 그런 다음, 어둠 속으로 사라졌다.

장은 허공에 총을 쏜 다음 외쳤다. "스파이는 죽었다!"

p.94~95 장은 바리케이드로 돌아갔지만 전투에는 참여하지 않았다. 대신, 그는 마리우스를 면밀히 지켜보면서 부상자들을 돌보았다. 마리우스가 총에 맞자 장은 그를 업고 골목으로 갔다. 아무도 그들을 보지 못했다. 잠시 동안, 둘은 안전했지만 탈출구는 없는 것 같았다. 그러다 장이 길바닥에 있는 쇠 격자 뚜껑을 보았다. 그는 마리우스를 어깨 위로 들어 올리고는 바닥의 구멍으로 미끄러지듯이 들어갔다. 둘은 파리의 하수도에 있었다.

장은 뺨으로 마리우스의 숨결을 느끼며 앞으로 걸어갔다. 청년은 의식을 잃고 피를 흘리고 있었지만 살아 있었다. 마침내, 장은 강둑 근처 쇠창살 문에 도착했지만 그것은 잠겨 있었다. 그들은 다른 나갈 길을 찾아야만 했다.

p.96~97 갑자기, 손 하나가 장의 어깨를 잡았다. 떼나르디에였다! 장은 바로 그를 알아봤지만 떼나르디에는 어둠 속에 있던 장을 알아보지 못했다.

"당신이 그를 죽였군. 그 사람의 돈하고 당신 돈까지 나에게 줘. 그럼 열쇠를 줄 테니." 떼나르디에가 말했다.

장은 말없이 마리우스의 주머니와 자신의 주머니를 비웠다. 장은 떼나르디에에게 30프랑을 건네주었다.

"목숨 값이 싸기도 하군!" 떼나르디에가 웃으며 말했다.

조용히 그리고 조심스럽게, 떼나르디에는 마리우스의 윗옷 자락을 뜯어내서 자신의 주머니에 넣었다. 그러고 나서 그는 열쇠를 바닥에 던지고 사라졌다.

몇 분 후, 장과 마리우스는 강둑에 있었다. 장은 강에 손을 담갔다가 빼서 마리우스의 얼굴에 조심스럽게 물을 뿌렸다. 갑자기, 장은 누군가가 자신을 지켜보는 것을 느꼈다. 자베르였다.

"자베르 경감, 날 체포하거나 죽여도 좋소만 우선 이 사람을 집으로 옮기도록 도와주시오. 이 사람이 사는 곳을 알고 있소." 장이 말했다.

자베르는 공무를 위해 대기 중인 마차를 불렀다.

피유 뒤 깔베르 거리에서 자베르와 장은 마리우스를 위층으로 옮겼다.

"자베르 경감, 잠시 집에 보내주시오. 꼬제뜨에게 그 친구가 무사하다는 것을 말해주고 싶소. 그 다음에 날 감옥으로 데려가도 좋소." 장이 말했다.

자베르는 동의를 했고 마차는 다시 한번 출발했다. 장의 집 입구에서 마차가 멈추었다. 자베르는 마부에게 가라고 말했다.

"위층으로 올라가시오. 난 여기서 당신을 기다리겠소." 자베르가 말했다.

장은 위층으로 올라가서 창밖을 내다보려고 1층 층계참에서 멈추었다. 장은 자신의 눈을 의심했다! 거리에는 아무도 없었다. 자베르는 가버렸던 것이다. 몇 달 후, 장은 자베르가 센느 강에 뛰어들어 빠져 죽은 것을 신문을 통해 알게 되었다.

p.98~99 마리우스는 상처가 심했다. 그는 열이 나는 가운데 꼬제뜨의 이름을 계속해서 부르며 누워 있었다. 그는 넉 달을 앓은 후에 비로소 상처에서 완전히 회복되었다. 그때쯤 혁명도 끝나 있었다.

마리우스가 자신을 구해준 사람이 누구인지 물었지만 아무도 말해 주지 못했다. 하인들은 그가 마차에 실려왔다는 것을 알고 있었지만 그것이 전부였다.

마리우스는 꼬제뜨를 그리워했고 그녀가 어찌 되었는지 궁금했다. 그는 할아버지에게 그녀를 찾아서 결혼하고 싶다고 말했다.

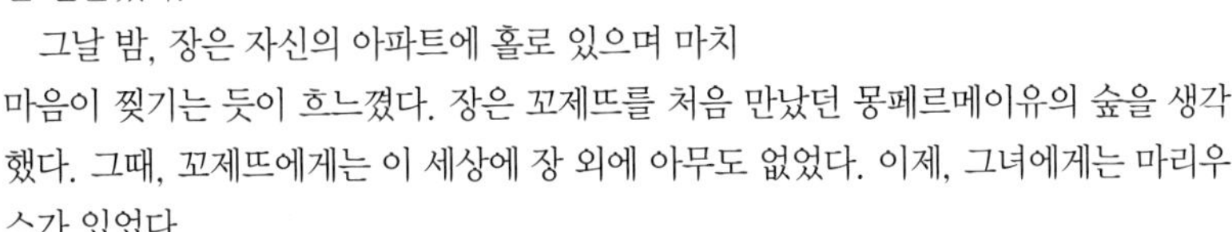

노인은 웃으며 말했다. "네가 다친 후로 매일 그 아가씨의 아버지가 찾아와서 너의 안부를 묻고 있단다. 그 아가씨는 가정 교육을 잘 받았고 아버지도 재력이 있더구나. 내일 그 아가씨를 봐도 좋다."

다음 날, 마리우스는 꼬제뜨가 그녀의 아버지와 함께 자신의 방에 모습을 나타내자 매우 기뻐했다. 그 후로 둘은 매일 만났고 1833년 2월 16일에 마리우스와 꼬제뜨는 결혼했다.

그날 밤, 장은 자신의 아파트에 홀로 있으며 마치 마음이 찢기는 듯이 흐느꼈다. 장은 꼬제뜨를 처음 만났던 몽페르메이유의 숲을 생각했다. 그때, 꼬제뜨에게는 이 세상에 장 외에 아무도 없었다. 이제, 그녀에게는 마리우스가 있었다.

p.100~101 다음 날 아침, 장은 마리우스를 만나러 갔다.

"고백할 것이 있다네. 난 전과자야." 장이 말했다.

"그건 사실이 아니에요." 마리우스가 외쳤다.

"사실일세. 내 이름은 장 발장이야. 꼬제뜨는 날 아버지로 생각하고 있지만 난 아버지가 아닐세." 장이 말했다.

"왜 이런 걸 제게 말씀하시는 거예요?"

"그게 정직하니까. 나는 살기 위해서 이름을 훔치지는 않겠네. 내가 계속 꼬제뜨를 만나도 되겠는가?"

마리우스가 마지못해 말했다. "네. 그리고 아버님의 비밀을 지켜 드릴게요. 꼬제뜨는 아버님을 매일 보지 못하면 불행할 거예요."

"고맙네." 장이 고마워하며 말했다.

한 동안, 장은 꼬제뜨를 매일 계속해서 방문했다. 그러다가 장은 종종 하루를 빠지기도 했다. 장의 방문 횟수가 점점 적어지고 머무르는 시간도 점점 짧아졌다. 꼬제뜨가 불평하지는 않았기에 장은 방문을 중단했다. 꼬제드는 이유를 묻는 전갈도 더 이상 보내지 않았다.

그러고 나서 일주일 동안, 장은 자신의 방을 떠나지 않았다. 집주인 아주머니가 걱정이 되어 의사를 불렀다.

"그는 죽어가고 있소. 사랑하는 사람을 잃은 것 같군요." 의사가 말했다.

p.102~103 그날 저녁, 마리우스에게 방문객이 찾아왔다. 떼나르디에였다.

"내가 당신 아내의 아버지에 대한 정보를 가지고 있소. 천 프랑을 주면 그 자에 대한 정보를 주겠소." 떼나르디에가 말했다.

"난 이미 아버님에 대해 알고 있습니다. 그분의 이름은 장 발장. 전과자였죠." 마리우스가 말했다.

"실은, 그는 살인자라오. 1832년 6월 6일 난 그랑 하수도에 있었소. 난 발자국 소리를 들었고 한 남자가 어깨에 시체를 지고 가는 것을 봤소. 그가 당신 부인의 아버지요. 그가 청년을 죽이고 돈을 훔쳤다고 보오. 나에게 증거도 있소." 떼나르디에가 말했다.

떼나르디에는 작고 더러운 천 조각을 내밀었다. 마리우스는 벽장으로 달려가서 피투성이가 된 낡은 윗옷을 꺼냈다. 천 조각은 윗옷과 딱 맞았다.

"어리석군. 그 청년은 나였어! 내 집에서 나가!" 마리우스가 소리쳤다.

마리우스는 꼬제뜨를 찾으러 갔다.

"꼬제뜨! 바리케이드에서 나를 구해준 사람은 당신 아버님이었소. 아버님을 집으로 모셔옵시다."

p.104~105 이윽고, 마리우스와 꼬제뜨는 장의 집 문을 두드렸다.

"들어오시오." 장이 힘없이 말했다.

문이 열리고 꼬제뜨가 방으로 뛰어들어 왔다.

"꼬제뜨!" 장이 떨리는 두 팔을 뻗으며 외쳤다.

꼬제뜨는 두 팔로 장을 껴안았다. 마리우스는 눈물이 흐르는 것을 멈추려 애쓰며 눈을 감았다.

"아버님! 전 제 목숨을 아버님께 빚졌습니다. 저한테 말씀해 주셨어야죠. 이 끔찍한 집에서 하루도 더 계시지 않을 거예요." 마리우스가 말했다.

"내일, 나는 여기에 없겠지만 너희들과 함께 있지도 않겠지." 장이 말했다.

꼬제뜨는 장의 손을 잡으며 말했다. "아버지, 아프세요? 고통스러우세요?"

"아니다, 하지만 죽어가고 있지. 난 너희 둘 다 무척이나 사랑한단다." 장이 힘없는 목소리로 대답했다.

꼬제뜨와 마리우스는 장의 침대 곁에 무릎을 꿇었다.

"사랑해요, 아버지." 꼬제뜨는 장의 뺨에 입을 맞추며 말했다.

"이렇게 죽는 것이 얼마나 기분 좋은지!" 장이 마지막 숨을 쉬며 중얼거렸다.

장이 마지막으로 눈을 감을 때, 두 개의 은촛대에서 나오는 빛이 장의 창백한 얼굴을 비추었다.

YBM
Reading
Library
독해력완성프로젝트